E. T. A. HOFFMANN.

OEUVRES COMPLÈTES.

TOME NEUVIÈME.

TABLE DES MATIÈRES

CONTENUES

DANS CETTE LIVRAISON.

PREMIER VOLUME.

L'Enchaînement des Choses.
La Convalescence.
Les Passions.

DEUXIÈME VOLUME.

Le comte Hyppolite.
La Fiancée du Roi.

TROISIÈME VOLUME.

Les singulières Tribulations d'un Directeur de Théâtre, première partie.

QUATRIÈME VOLUME.

Les singulières Tribulations, etc., deuxième part.
Le Joueur d'échecs.

PARIS. — IMPRIMERIE DE SELLIGUE,
rue des Jeûneurs, n. 14.

ŒUVRES COMPLÈTES

DE

E. T. A. HOFFMANN,

TRADUITES DE L'ALLEMAND

PAR M. THÉODORE TOUSSENEL,

ET PAR LE TRADUCTEUR

Des Romans de Veit-Weber.

TOME NEUVIÈME.

PARIS.

Jules Lefebvre et Compagnie, Éditeurs,

rue des Grands-Augustins, n° 18.

M. D. CCC. XXX.

L'ENCHAINEMENT
DES CHOSES,
NOUVELLE,

TRADUITE

par M. Théodore Toussenel.

TOME PREMIER.

IMPRIMERIE DE PLASSAN ET COMP.,
RUE DE VAUGIRARD, N° 15.

L'ENCHAINEMENT DES CHOSES.

CHAPITRE PREMIER.

Comment il était nécessaire, dans le système du monde, de heurter contre une racine d'arbre et de tomber. — Mignon et le Bohémien de Lorca. — Le général Palafox. — Le paradis s'ouvre chez le comte Walther Puck.

Non, disait Ludwig à son ami Euchar, quoi qu'en dise dans son prologue de la seconde partie de Fortunat M. Tieck, qui, comme moi, s'appelait Ludwig, la charmante déesse du bonheur ne marche point accompagnée d'un nigaud maladroit et grossier qui, en faisant la roue, renverse les tables, brise les bouteilles d'encre, va heurter le président dans sa voiture, et lui meurtrit la tête et les bras. Non, le hazard n'existe pas. Je demeure convaincu que le système général du monde, et tout ce qui s'y passe, le macrocosmus enfin, peut parfaitement se comparer à une grande horloge ingénieusement construite et réglée, mais qui s'arrêterait du moment qu'il serait permis à tel ou tel principe arbitraire et étranger d'en déranger le plus petit rouage.

— En vérité, répondit Euchar en riant, je ne sais, l'ami Ludwig, comment tu peux en revenir sans cesse à cette idée surannée de fatalité, de mécanisme, et gâter ainsi cette belle pensée de Gœthe, ce fil rouge qui traverse notre vie, et dans lequel nous reconnaissons, dans nos momens lucides, le sublime esprit qui règne sur nous et dans nous.

La comparaison me choque, reprit Ludwig, parce qu'elle est empruntée à la marine anglaise. Chez eux, le plus petit cordage, comme nous l'apprend Gœthe dans ses *affinités de choix*, est traversé par un fil rouge, pour marquer que c'est propriété de l'État. Non, non, mon cher ami, tout évènement était nécessaire dès le principe, par cela même qu'il arrive; et le principe de tout ce qui est, et de tout ce qui respire, repose sur l'enchaînement des choses. Car, enfin...., ah ! mon dieu !

Mais il faut d'abord apprendre au lecteur bénévole que Ludwig et Euchar, en conversant ainsi, se promenaient dans une allée du beau parc de W..... C'était un dimanche, à l'heure du crépuscule ; après une journée brûlante, les bosquets agités par les brises du soir semblaient respirer et doucement soupirer ; on entendait retentir dans le bois les cris joyeux des bourgeois endimanchés, qui venaient prendre l'air, et dont les uns couchés sur le gazon fleuri y faisaient leur modeste souper, les autres, entrant çà et là dans les auberges, se régalaient plus ou moins selon les profits de la semaine.

Au moment donc où Ludwig allait

développer sa doctrine profonde sur l'enchaînement des choses, il heurta du pied contre une grosse racine d'arbre que ses yeux armés de lunettes n'avaient pourtant pas aperçue, et tomba par terre de toute sa longueur.

« C'était dans l'enchaînement des choses; si tu n'avais pas fait cette misérable chute, le monde périssait à l'instant même. »

Ainsi parlait Euchar, d'un ton froid et sérieux; et, ramassant la canne et le bâton de son ami, il lui tendit la main pour l'aider à se relever. Ludwig se sentit une si vive douleur au genou qu'il fut forcé de boiter : pour comble de malheur, il saignait au nez; force lui fut de suivre le conseil de son ami, et de se réfugier dans le cabaret le plus voisin, lui, qui évitait soigneusement de pareils lieux, mais le dimanche surtout ; car les réjouissances de la populace bourgeoise lui inspiraient une espèce de frayeur singulière, comme s'il se fût trouvé dans des lieux peu sûrs pour des gens de sa condition.

Les joyeux convives s'étaient rassemblés sur la pelouse fleurie, devant le cabaret, et formaient un cercle bruyant et serré, du milieu duquel partaient les sons d'une guitare et d'un tambourin. Son mouchoir sur le visage, et soutenu par son ami, Ludwig entre en boitant dans le cabaret, et demande un peu de vinaigre d'une voix si plaintive que l'hôtesse le croit à l'agonie. Pendant qu'on le sert, Euchar, sur qui les sons d'une guitare et d'un tambourin exerçaient un charme irrésistible, sort furtivement, et cherche à percer la foule. Euchar était du petit nombre de ces heureux favoris de la nature à qui leur dignité extérieure, et la noblesse de leurs manières assurent partout un accueil bienveillant; aussi, dès qu'il eut demandé ce qui se passait au milieu du cercle, les ouvriers qui faisaient partie de l'assemblée, et qui ne sont pas ordinairement très-disposés à la politesse, un jour comme celui du dimanche, s'empressèrent de lui faire place, afin qu'il pût voir la petite folle qui dansait et frappait son tambourin avec tant d'art et de gentillesse. Euchar vit alors un spectacle bizarre et gracieux à la fois, qui le ravit d'admiration.

Au milieu du cercle, une jeune fille, les yeux bandés, et s'accompagnant du tambourin, dansait le fandango entre neuf œufs, placés trois par trois sur le gazon; près d'elle, un petit homme contrefait, laid comme un bohémien, jouait de la guitare. La danseuse paraissait avoir au plus quinze ans; son costume était étranger, son corset rouge et galonné d'or, sa robe courte, blanche et garnie de rubans bariolés; sa taille était svelte; chacun de ses mouvemens, gracieux et léger. Tantôt son tambourin planait sur sa tête; tantôt elle le tenait de côté, les bras étendus, dans une pose hardie et pittoresque; elle le portait en avant, en arrière, et tirait d'un instrument si simple les sons les plus variés. C'était tour à tour le retentissement sourd des timbales qu'on frappe dans le lointain, le roucoulement plaintif des tourterelles, le bruit d'un orage qui se prépare, auxquels se mêlait harmonieusement le tintement clair et joyeux des grelots. — Le petit musicien, digne émule de la danseuse, savait aussi manier son instrument avec un art tout particulier. Tantôt la mélodie qui dirige le fandango sortait claire et puissante de sa guitare ; tantôt, à la manière espagnole, sa main courait sur toutes les cordes, les ébranlait toutes à la fois, et finissait par des accords pleins et brillans. A mesure que le tambourin bruit et retentit plus fort, les sons de la guitare sont plus animés, les voltes et les sauts de la jeune fille plus hardis; parfois elle pose le pied si près des œufs, mais avec tant de justesse et d'aplomb, que les spectateurs ne peuvent s'empêcher de pousser un cri, croyant voir à chaque moment un œuf cassé. La noire chevelure de la jeune fille s'était dénouée, ses longues tresses agitées par ses mouvemens impétueux flottaient autour de sa tête, et lui donnaient l'aspect d'une ménade.

Fini! s'écria en espagnol le petit musicien. La jeune fille, toujours en dansant, fait rouler les œufs en un seul tas, frappe un grand coup sur son tambourin auquel la guitare répond par de bruyans accords, et s'arrête, comme par un enchantement subit. La danse était finie.

Le petit homme s'approche d'elle, et lui débande les yeux; elle renoue sa chevelure, prend son tambourin, et s'avance, les yeux baissés, dans le cercle qui l'entoure pour faire la collecte. Personne ne s'esquive, chacun dépose avec une espèce de satisfaction une petite pièce de monnaie sur le tambourin.

Arrivée devant Euchar, elle passe outre; il s'approche pour lui donner aussi quelque chose, elle refuse.

Pourquoi ne veux-tu rien prendre de moi, petite? demande Euchar.

La jeune fille lève la tête, et ses beaux yeux lui lancent un regard brillant comme une étincelle, sous les longs cils noirs qui les ombragent.

Le vieillard, répondit-elle d'un ton grave et presque solennel, d'une voix pleine d'expression malgré son accent étranger, le vieillard m'a dit, monsieur, que vous n'aviez pas vu la plus belle moitié de la danse, et je ne dois rien recevoir de vous.

En disant ces mots, elle lui fit une révérence gracieuse, se tourna vers le petit bohémien, lui prit sa guitare, et le conduisit à une table éloignée.

Euchar, en la suivant des yeux, aperçut, non loin d'elle, Ludwig, qui, gravement assis entre deux respectables bourgeois, avait devant lui un grand verre de bière, et lui faisait des signes pour lui témoigner son embarras; il courut vers lui.

Eh bien! Ludwig, s'écria-t-il en

riant, depuis quand bois-tu de la bière, de cette vile boisson?

Mais Ludwig lui fit encore un signe, et répondit de manière à se faire entendre : Comment peux-tu parler ainsi? La bière est une des boissons les plus généreuses, et je l'aime au-delà de toute mesure, quand elle est aussi bien brassée que celle-ci.

Les bourgeois se levèrent, Ludwig leur fit un salut singulièrement affable, et prit une mine doucereuse pour remercier ces braves gens qui, avant de partir, s'apitoyaient encore une fois sur son accident, et lui secouaient cordialement la main.

Imprudent! s'écria Ludwig, tu me compromettras donc toujours et à tout propos, avec tes inconséquences! Si je ne m'étais pas fait servir un verre de bière, si je n'avais pas avalé cette vile boisson, ces vigoureux maîtres-là pouvaient s'en scandaliser, faire la grimace et me jeter à la porte comme un profane. Et quand j'ai si bien joué mon rôle, tu viens me rendre suspect!

Eh bien, répondit Euchar en riant, si l'on te jetait à la porte, si l'on te donnait quelques coups de poing, ne serait-ce pas toujours dans l'enchaînement des choses? Mais, écoute : Cette chute sur une racine d'arbre, chute nécessaire dans le système du monde, m'a valu un bien joli spectacle.

Euchar dépeignit à son ami la danse des œufs de la petite Espagnole. Mignon! s'écria Ludwig dans un accès d'enthousiasme, oh! divine Mignon!

Le guitariste, assis non loin des deux amis, comptait attentivement l'argent de la recette, pendant que la jeune fille, debout devant la même table, pressait le jus d'une orange de Portugal dans un verre d'eau. Le vieillard ramasse enfin l'argent, et sourit à la petite avec des yeux étincelans de joie; celle-ci lui présente le breuvage qu'elle a préparé, et caresse ses joues sèches et ridées. Le vieillard répondit à cette caresse par un sourire laid comme une grimace, et but à grands traits sa limonade. La jeune fille s'assit ensuite près de lui, et tira de sa guitare quelques sons vagues et capricieux.

Mignon! s'écria de nouveau Ludwig, oh! céleste Mignon! Oui, second Vilhelm Meister, je la sauverai des mains de cet infâme scélérat dont elle est l'esclave.

Eh bien! dit Euchar avec calme et sang-froid, qui t'a dit que le petit bossu était un infâme scélérat?

— Homme froid, répondit Ludwig, homme froid, que rien n'émeut, qui ne comprends rien, qui n'as ni sens ni goût pour ce qui est original et fantastique, n'aperçois-tu pas, ne vois-tu pas la raillerie, la jalousie, la méchanceté, la plus sordide avarice briller dans les petits yeux gris-vert comme ceux d'un chat de cet avorton bohémien, et se déployer dans chaque ride de cette physionomie sinistre? Oui, je la sauverai des mains infernales de ce monstre africain, cette chère enfant. Si je pouvais seulement parler à la petite déesse !

Rien n'est plus facile, dit Euchar, et il fit signe à la jeune fille d'approcher.

Celle-ci pose aussitôt son instrument sur la table, s'avance et s'incline, les yeux timidement baissés.

Mignon, s'écrie Ludwig, comme hors de lui-même, Mignon, charmante et douce Mignon ! Ils m'appellent Émanuela, dit la jeune fille.

Et cet infâme drôle que voilà, reprit Ludwig, où t'a-t-il volée, pauvre petite, où t'a-t-il enlacée dans ses piéges maudits ?

Je ne vous comprends pas, répondit la petite, en levant les yeux, et lançant à Ludwig un regard sévère ;

je ne vous comprends pas, monsieur, je ne sais pas pourquoi vous me faites ces questions.

Tu es Espagnole, mon enfant, dit Euchar.

— Oui, répondit la jeune fille d'une voix tremblante, oui, monsieur, vous le voyez, vous le reconnaissez à ma voix, et je ne puis le nier.

Alors, reprit Euchar, tu pinces aussi de la guitare, et tu peux nous chanter une chanson.

La jeune fille mit ses mains devant ses yeux, et murmura ces paroles à peine intelligibles : Ah ! je ne demanderais pas mieux, mes bons messieurs, que de vous jouer et de vous chanter quelque chose, mais tous mes chants sont brûlans, et ici, il fait si froid! si froid!

Émanuela, dit Euchar en espagnol, et en élevant la voix, connais-tu la chanson : *L'aure l'immortal?*

A ces mots, la jeune fille frappe des mains, lève au ciel ses beaux yeux noirs, où brillent de grosses larmes, s'élance vers la table où elle a déposé sa guitare, revole plutôt qu'elle ne revient vers les deux amis, se place devant Euchar, et commence :

> L'aure l'immortal al gran Palafox,
> Gloria de España, de Francia terror.

Il serait vraiment impossible de dépeindre l'expression que la jeune fille donnait à son chant. C'étaient d'abord les douleurs convulsives de l'agonie, et tout à coup une inspiration brûlante ; chaque son semblait un éclair capable de réchauffer les cœurs les plus froids, les plus glacés. A force d'enthousiasme, Ludwig allait, comme on dit, crever dans sa peau. Il interrompait le chant de la jeune fille par des *brava*, des *bravissima* continuels et autres applaudissemens pareils.

Fais-moi la grâce de te taire, mon cher ami, lui dit Euchar.

Je comprends, répondit Ludwig avec humeur ; homme insensible, la musique ne saurait t'émouvoir.

Il se tut cependant. La jeune fille, après sa chanson finie, s'appuya fatiguée sur un arbre voisin, laissa mourir les sons de sa guitare, qui s'éteignaient *pianissimo*, et de grosses larmes tombèrent sur l'instrument.

Tu es pauvre, dit Euchar d'une voix qui annonçait une émotion profonde, tu es pauvre, ma charmante enfant; si je n'avais pas vu le commencement de ta danse, ton chant m'en a largement dédommagé; et tu ne saurais plus refuser ce que je veux t'offrir.

Euchar avait tiré de sa poche une petite bourse où brillaient de beaux ducats; il l'offrit à la petite, qui s'était rapprochée de lui. La jeune fille attacha ses regards sur la main d'Euchar, la saisit avec ses deux mains, la couvrit de baisers brûlans; et, se précipitant à ses pieds, s'écria : oh Dios !

Oui, s'écria Ludwig avec chaleur, oui, de l'or, tes jolies petites mains ne doivent toucher que de l'or. Euchar, dit-il plus bas, ne pourrais-tu me changer un louis, je n'ai pas de petite monnaie.

Cependant, le bossu, qui s'était avancé en boitant, ramassa la guitare qu'Émanuela avait laissée tomber, et salua plusieurs fois en souriant Euchar, qui, sans doute, avait été bien généreux avec la petite fille, à voir la chaleur de ses remerciemens.

Scélérat! coquin, lui cria Ludwig. Le petit homme épouvanté recule et répond d'une voix larmoyante : Ah! monsieur, pourquoi vous fâchez-vous ? Ne maudissez pas le pauvre et honnête Biagio Cubas. Ne faites pas attention à mon teint, à ma figure ; je suis bien laid, je le sais, mais je suis né à Lorca, et je suis un vieux chrétien, aussi vieux que vous-même pouvez l'être.

La jeune fille s'élance aussitôt vers le vieillard, et lui crie en espagnol : Partons, partons bien vite, papa ! et tous deux s'éloignèrent, Cubas en faisant force révérences grotesques, Emanuela, en lançant au généreux Euchar les regards les plus expressifs que puissent accorder deux beaux yeux noirs.

Le couple singulier avait déjà disparu dans les bosquets. Ludwig, dit Euchar, tu le vois maintenant, tu portais sur ce petit homme un jugement bien téméraire. Je conviens que le pauvre diable a tous les airs d'un bohémien ; mais il est de Lorca, comme il le dit lui-même. Or, tu sauras que Lorca est une ancienne ville Maure, et que ses habitans, fort aimables gens d'ailleurs, ne sauraient nier leur origine païenne. Rien ne les fâche comme une allusion à cette origine; aussi ne cessent-ils d'affirmer qu'ils sont vieux chrétiens. Le petit homme porte sur son visage le type maure, mais c'est la vraie caricature de sa race.

Non, s'écria Ludwig, je ne m'en dédis pas : c'est un drôle, un infâme coquin, et je ferai tout au monde pour tirer de ses griffes ma douce et charmante Mignon.

Si tu veux absolument que le petit homme soit un coquin, dit Euchar, moi, pour ma part, je ne me fie pas trop non plus à ta douce et charmante Mignon.

Que dis-tu là! s'écria Ludwig, qu'oses-tu dire, Euchar! Ne pas se fier à ce cher ange, dont les yeux brillent du feu pur et sacré de l'innocence !

Mais on reconnaît bien là l'homme froid et prosaïque que de pareilles beautés n'ont jamais ému, et qui voit d'un œil de défiance tout ce qui sort de sa routine triviale et journalière.

Allons, dit Euchar avec douceur, ne te fâche pas, mon cher enthousiaste. Tu diras peut-être que mes soupçons contre la douce Mignon ne sont point justement fondés : c'est à toi d'en juger. Je viens seulement de m'apercevoir qu'au moment où la petite personne saisissait ma main avec de si chauds transports elle m'avait dérobé le petit anneau surmonté d'une pierre précieuse que je portais toujours au doigt, comme tu sais. Je regrette beaucoup ce délicieux souvenir d'une époque mystérieuse.

Pour l'amour de Dieu, dit Ludwig en baissant la voix, serait-il bien possible? Non, la chose est incroyable, ajouta-t-il brusquement. Une figure, un œil, un regard comme celui-là ne trompe jamais. Cette bague, tu l'as laissée tomber, tu l'as perdue.

Et bien, nous verrons, dit Euchar; mais il se fait tard, retournons à la ville.

Chemin faisant, Ludwig parlait sans cesse d'Emanuela, et lui donnait les noms les plus doux; en nous quittant, dit-il, elle m'a lancé certain regard inexprimable qui me prouve assez clairement que j'ai fait sur elle une impression profonde; et c'est l'effet que j'ai coutume de produire, toutes les fois que la poésie vient se mêler à mon existence.

Euchar se garda bien d'interrompre son ami, et lui laissa tout le temps de s'exalter à son aise ; ils étaient arrivés devant la porte de la ville au moment où les tambours de la garnison battaient la retraite, Ludwig saute au cou d'Euchar, les yeux mouillés de larmes, et, renforçant sa voix pour se faire entendre par dessus les roulemens des virtuoses militaires, il lui crie aux oreilles qu'il est décidément amoureux de la charmante Mignon; qu'il veut lui consacrer sa vie, la retrouver, et l'arracher des mains du vieux monstre.

Un laquais en riche livrée attendait Ludwig devant son hôtel, et s'approcha pour lui remettre une carte. Ludwig l'eut à peine lue et congédié le laquais, qu'il se jeta de nouveau au cou de son ami, comme à la porte de la ville, et s'écria : Mon cher Euchar, appelle-moi le plus heureux des mortels, le plus digne d'être envié. Ouvre-moi ton sein, comprends tout mon bonheur, sois sensible à ma félicité, mon bon Euchar, pleure de joie, et mêle tes larmes aux miennes.

Mais quel sublime bonheur peut donc t'annoncer cette carte ? dit Euchar.

Ne va pas t'effrayer, reprit Ludwig d'une voix sourde, ne va pas trembler si je t'ouvre le brillant paradis, le séjour enchanteur et magique où je vais entrer à la faveur de cette carte.

Encore voudrais-je savoir, reprit Euchar, quelle est cette félicité suprême qu'on t'annonce?

Apprends-le, apprends, s'écria Luwig, écoute, admire, doute, parle, crie, rugis : Je suis invité demain pour le bal et pour le souper chez le comte Walther-Puck. Victorine, Victorine! Charmante et douce Victorine! — Et la charmante Mignon? dit Euchar. — Victorine, ô ma vie! soupira Ludwig d'une voix pleurante, et il s'élança dans l'hôtel.

CHAPITRE II.

Les amis Ludwig et Euchar. — Mauvais rêve. — Belle paire de jambes perdue au piquet. — Tribulations d'un jeune danseur enthousiaste. — Consolations, espérances, et M. Cochenille.

Avant d'aller plus loin, il sera peut-être nécessaire de faire mieux connaître nos deux amis au lecteur bénévole, afin qu'il sache au moins à quoi s'en tenir avec eux, et ce qu'il doit penser de l'un et de l'autre.

La condition des deux jeunes gens était vraiment chimérique, puisqu'enfin ce ne fut jamais en ce monde ce qu'on peut appeler une condition : ils étaient barons. Élevés ensemble et dans la plus étroite amitié, ils devinrent inséparables, quoique toujours plus différens d'humeur et de caractère, à mesure qu'ils avançaient en âge ; cette différence était visible même à l'extérieur.

Euchar était du nombre des enfans sages et raisonnables ; et l'on appelle ainsi ceux qui, pendant des heures entières, se tiennent au milieu de la compagnie, tranquilles sur leur chaise, ne demandent rien, ne désirent rien, et deviennent par suite de cette brillante éducation, des ourdauds et des imbécilles. Tel n'était pas Euchar. Enfant raisonnable, toujours assis sur sa chaise, les yeux et la tête baissés, si quelqu'un lui adressait la parole, il se levait tout effrayé, balbutiait, pleurait même quelquefois, et semblait sortir d'un rêve. Seul, ce n'était plus le même enfant. Alors on le voyait parler avec chaleur, comme en présence de plusieurs personnes, mettre en drame toutes les histoires qu'il avait lues ou entendues, et prendre pour des villes, des forêts, des villages et des hommes, tout ce qui se trouvait dans la chambre, les tables, les armoires et les chaises. Mais quand on permettait au petit garçon de courir en liberté par la campagne, c'est alors qu'il s'animait d'un bel enthousiasme. Alors il sautait, il courait par la forêt en poussant des cris de joie, il embrassait les arbres, il se roulait sur le gazon, il baisait les fleurs, etc. Il se mêlait de mauvaise grâce aux jeux des enfans de son âge ; aussi passait-il pour un poltron, pour un paresseux, qui reculait devant une entreprise audacieuse, devant un saut périlleux, une escalade hardie. Mais il faut dire aussi que si tous les autres manquaient de courage au moment de l'exécution, Euchar se tenait silencieusement à l'écart, et, voyant les autres partis, faisait avec adresse ce que ses camarades avaient seulement voulu faire. S'il s'agissait, par exemple, de grimper sur un arbre haut et flexible, et que personne n'eût pu réussir, dès qu'Euchar se trouvait tout seul, il était en deux minutes perché sur la cime de l'arbre. Insensible et froid en apparence, il mettait dans toutes ses actions ce devouement, cette opiniâtreté, qui décèlent une âme fortement trempée ; si les sentimens qu'il avait long-temps comprimés éclataient tout à coup, c'était avec une force et un entraînement irrésistibles ; et ceux qui savaient s'y connaître s'étonnaient que l'âme d'un enfant pût cacher une sensibilité si profonde. Plusieurs précepteurs fort savans ne purent rien comprendre à leur jeune élève ; un seul, le dernier, assura que le petit garçon avait une nature toute poétique. Le papa d'Euchar en trembla d'effroi ; il craignit que son fils n'eût hérité du caractère de sa mère, qui, à la vue des cures les plus brillantes, se sentait des maux de tête et des envies de vomir. Un ami intime du papa, chambellan, homme aimable et poli, déclara pourtant que ledit précepteur n'était qu'un âne, qu'un sang noble coulait dans les veines du jeune baron Euchar, que, par conséquent, sa nature était baronique et non poétique. Le vieux papa fut visiblement rassuré.

D'après un pareil enfant, qu'on se figure ce que dut être le jeune homme. La nature avait imprimé sur les traits d'Euchar le sceau dont elle marque ses favoris. Or, comme les favoris de la nature sont ceux qui peuvent concevoir son amour infini et ses profonds mystères, il en résulte que ces heureux favoris ne sont bien appréciés que par des gens privilégiés comme eux-mêmes. Euchar n'était pas compris par la foule, homme insouciant et froid, incapable d'aucun enthousiasme honnête et légitime pour une tragédie nouvelle, et partout décrié comme prosaïque. Mais surtout dans les cercles de la haute société les dames élégantes et spirituelles, auxquelles on peut se fier en pareille matière, ne pouvaient comprendre qu'avec une tête d'Apollon, avec des sourcils fiers et bien arqués, avec des yeux brillans d'un feu sombre, avec des lèvres doucement relevées, on ne fût pourtant qu'une froide statue. Il faut tout avouer : Euchar n'avait pas le talent de causer avec les belles dames, et de parler beaucoup sans rien dire ; il ne se conduisait point comme Renaud dans les fers.

Ludwig différait en tous points de

son ami. C'était un de ces enfans fougueux et indomptables, auxquels on a coutume de prédire que le monde sera trop étroit pour eux. C'était lui qui jouait à ses camarades les tours les plus comiques ; l'on aurait pu craindre que l'audacieux enfant ne fût parfois victime de son courage ; mais il revenait toujours du combat avec tous ses membres ; au moment de l'action, il se tenait à l'arrière-garde, ou même quittait tout-à-fait le champ de bataille. Il entreprenait avec une vivacité prodigieuse, et renonçait de même à son entreprise ; il apprenait beaucoup de choses, et savait très-peu. Devenu jeune homme, il faisait de fort jolis vers, jouait passablement de plusieurs instrumens, parlait assez facilement plusieurs langues vivantes, peignait comme un ange; vrai prodige d'instruction, capable de tomber en extase à tout propos, et d'exprimer son enthousiasme en phrases pompeuses et sonores : mais l'on sait que plus les timballes sont creuses, plus elles résonnent quand on les frappe. L'impression que le beau, le sublime, produisaient sur lui ressemblait au chatouillement, qui effleure la peau sans émouvoir les nerfs.

Ludwig était du nombre de ces gens que l'on entend souvent dire, je *voudrais*, mais chez qui ce principe de volonté ne va jamais jusqu'à l'action. Or, comme ici-bas les hommes qui proclament si fièrement leurs volontés sont bien plus estimés que ceux qui se taisent et se contentent d'agir, tout le monde croyait Ludwig capable des plus nobles entreprises, et tout le monde l'admirait et l'exaltait, sans s'informer, du reste, s'il avait fait ce qu'il avait si hautement annoncé. Quelques hommes pourtant, plus difficiles et plus clairvoyans, prenaient acte des paroles de Ludwig, et lui demandaient sévèrement s'il avait exécuté tel ou tel projet. Cette enquête humiliait le jeune baron, d'autant plus que dans ses heures de solitude il était forcé de s'avouer à lui-même qu'il est bien pitoyable de toujours vouloir sans jamais rien faire. C'est alors qu'il mit la main sur un vieux livre, oublié depuis long-temps, où l'on développait l'idée du mécanisme universel et de l'enchaînement des choses.

Ludwig adopta vivement un système qui justifiait à ses propres yeux comme aux yeux d'autrui sa conduite ou plutôt son vouloir. S'il n'exécutait pas ce qu'il avait promis, ce n'était pas sa faute ; il était dans l'enchaînement des choses que son projet ne fût pas accompli.

Le lecteur conviendra qu'au moins la philosophie de Ludwig était fort commode.

Ludwig était d'ailleurs un fort joli garçon, aux joues fraîches et vermeilles ; il eût été l'idole des meilleures sociétés de la ville, si sa vue trop faible ne lui eût fait commettre de singuliers quiproquos, qui souvent même avaient des suites très-fâcheuses. Il s'en consolait pourtant, parce qu'il croyait faire une impression prodigieuse sur tous les cœurs féminins. Pour éviter à l'avenir des méprises souvent funestes, et, pour ne pas parler à telle personne en croyant parler à telle autre, il avait pris l'habitude de s'approcher très-près des dames, et c'était, disait-on, la souplesse et l'assurance d'un homme aimable et spirituel.

Le lendemain du bal chez le comte Walther-Puck, Euchar reçut de très-bonne heure un billet de Ludwig ainsi conçu :

« Mon fidèle, mon très-cher ami !
» Je suis malheureux, abattu, perdu,
» je suis précipité du faîte des plus
» sublimes espérances dans l'abîme
» obscur et sans fond du désespoir. Le
» jour qui devait m'amener le su-
» prême bonheur, a causé mon in-

» fortune ; hâte-toi, viens me conso-
» ler, s'il t'est possible. »

Euchar trouva son ami pâle et défait, couché sur son sopha, la tête emmaillotée.

C'est toi, dit Ludwig d'une voix altérée, en lui tendant les bras, c'est toi, mon noble ami. Oui, tu sais encore du moins compatir à ma douleur, à mes souffrances. Laisse-moi te raconter ce qui m'est arrivé, et tu me diras ensuite si tu penses comme moi, s'il est vrai que je sois perdu sans ressource.

Sans doute, reprit Euchar en riant, sans doute tout ne s'est pas passé au bal comme tu l'avais espéré.

Ludwig répondit par un profond soupir.

La belle Victorine, reprit Euchar,

t'aurait-elle regardé de travers, ou bien ne t'aurait-elle pas regardé du tout ?

Je l'ai cruellement offensée, reprit Ludwig d'une voix sépulcrale, elle sera, elle doit être inexorable.

Grand Dieu ! s'écria Euchar, que s'est-il donc passé ?

Ludwig poussa de rechef un profond soupir, deux ou trois gémissemens, et dit à voix basse, mais d'un ton encore assez pathétique :

« Comme avant le lever du soleil
» déjà son image se peint à l'horizon,
» ainsi les grandes catastrophes ont
» aussi leurs Esprits avant-coureurs ;
» et le lendemain commence souvent
» dès la veille. »

Oui, continua-t-il avec tristesse, oui, Euchar, de même que le bruit mystérieux des rouages d'une horloge annonce l'heure qui va sonner, ainsi le malheur qui nous menace nous est souvent présagé par une foule d'accidens sinistres. Déjà dans la nuit qui précéda celle du bal j'avais fait un rêve affreux, épouvantable. Il me semblait que j'étais chez le comte, et qu'au moment de danser je ne pouvais remuer les pieds. Je regardai dans le miroir en face de moi, et je vis avec horreur qu'au lieu du joli piédestal que la nature m'a donné, je portais sous mon corps les grosses jambes goutteuses du vieux président du consistoire. Pendant que je reste comme attaché au parquet, le président, léger comme un oiseau, valse voluptueusement avec Victorine, m'adresse un sourire sardonique, et me soutient insolemment qu'il m'a gagné mes jambes au piquet. Je me réveillai, tu peux m'en croire, dans un bain de sueur froide.

Réfléchissant encore à cette affreuse vision, je porte à ma bouche la tasse de chocolat encore bouillante, et je me brûle les lèvres ; en dépit de toutes les pommades, tu peux voir la cicatrice.

Je sais qu'il ne t'est guère possible de t'intéresser vivement aux malheurs d'autrui ; ainsi je te ferai grâce de toutes les mystifications que me fit subir dans le même jour ma maudite destinée, et je te dirai seulement que, vers le soir, à l'heure de la toilette, un de mes bas de soie se déchira, deux boutons craquèrent à mon habit ; au moment de monter en voiture, je jette mon Wellington dans la boue; dans la voiture, je veux resserrer les boucles de mes souliers, et je sens avec horreur que mon âne de valet-de-chambre m'a mis des boucles dépareillées. Il fallut revenir à la maison, et je fus en retard d'une bonne demi-heure.

Victorine vient à ma rencontre dans tout l'éclat de sa beauté : je l'invite pour la danse suivante, nous valsons, je suis au ciel. Mais, hélas! je sentis tout à coup la noire cruauté du destin.

L'enchaînement des choses ? dit Euchar.

Destin, enchaînement des choses, reprit Ludwig, donne à cette puissance ennemie le nom que tu voudras, aujourd'hui tout m'est égal.

Oui ce fut un destin perfide qui me fit heurter avant-hier contre cette maudite racine d'arbre. Au milieu de la walse, je sentis ma douleur revenir au genou, toujours plus forte et plus insupportable. Au même instant Victorine dit assez haut pour se faire entendre des autres danseurs : En vérité, c'est à s'endormir ! Aussitôt on frappe des mains, on fait signe aux musiciens ; la danse s'anime et tourbillonne.

Je rassemble mes forces, je surmonte ma douleur infernale, je saute avec grâce, je prends une figure aimable ; et pourtant Victorine me répète sans cesse : Pourquoi donc si lourd aujourd'hui, cher baron ? Vous n'êtes plus le même danseur ! Ces paroles étaient pour mon cœur autant de coups de poignard.

Pauvre ami, dit Euchar en riant, je comprends toute l'étendue de ton infortune.

Eh bien, reprit Ludwig, ce n'était-là que le prélude d'un évènement plus affreux encore! Tu sais combien de temps j'ai répété les figures de la contredanse à seize, tu sais que mille fois dans cette chambre, j'ai brisé les verres et les porcelaines, j'ai renversé les tables en essayant les poses et les sauts les plus hardis : peu m'importait, je voulais parvenir à la perfection idéale que j'avais revée. Une de ces figures surtout peut être regardée comme la plus sublime invention de l'esprit humain. Quatre couples prennent une attitude pittoresque; le danseur, balançant sur la pointe du pied droit, entoure avec le bras droit sa danseuse, et tient avec grâce le bras gauche en demi-cercle sur sa tête ; les autres font la ronde. Voilà ce que Vestris et Gardel n'avaient pas imaginé. C'était à cette contredanse que j'attachais l'espoir de mon suprême bonheur, et j'avais choisi, pour le grand jour de ma vie, la fête du comte Walther Puck.

Je voulais dans cette céleste figure tenir Victorine dans mes bras, et lui souffler à l'oreille : Divine comtesse, je vous aime d'un amour inexprimable, je vous adore! Soyez à moi, ange de lumière!

Ceci, mon cher Euchar, t'explique la chaleur de mes transports, au moment où je reçus l'invitation pour le bal : c'était un bonheur que je n'osais plus espérer, car le comte Puck avait eu l'air de se fâcher contre moi quelques jours auparavant. Un soir que je lui développais la doctrine de l'enchaînement des choses, du mécanisme, et du macrocosmus, il interpréta singulièrement mes paroles, et prétendit que je le comparais à une perpendiculaire. C'était, dit-il en me tournant le dos, une allusion malicieuse qu'il ne pouvait pardonner qu'à ma jeunesse. Mais je reprends mon récit. Cette malheureuse walse était finie, je ne dansai plus un seul pas ; je me retirai dans une chambre voisine, et j'entendis quelqu'un derrière moi : c'était le bon Cochenille qui m'offrait du champagne.

Le vin fait circuler une nouvelle vie dans mes veines, et je ne sens plus aucune douleur.

La contredanse à seize allait commencer ; je revole dans la salle, je m'élance vers Victorine, je lui baise les mains avec feu, et je me mets en place pour la ronde. Voici le moment de la figure ; je me surpasse moi-même, je plane, je balance comme eût fait le dieu de la danse en personne, j'entoure ma danseuse, et je lui souffle à l'oreille : Divine comtesse ! etc, ma déclaration telle que je l'avais arrangée. L'aveu de l'amour s'est échappé de mes lèvres, je veux lire son effet dans les yeux de ma danseuse. Dieu du ciel ! Ce n'est pas

Victorine avec qui j'ai dansé ; c'est une autre dame qui m'est parfaitement inconnue, et qui n'a que la taille et le costume de Victorine.

Ce fut pour moi, comme tu penses, un coup de tonnerre ! Mes yeux se couvrent d'un nuage, je ne vois autour de moi qu'un chaos obscur, je n'entends plus la musique, je saute comme un furieux à travers la danse; j'entends par ici, par-là, des cris de douleur, enfin je me sens arrêté par deux bras vigoureux, en même temps qu'une voix menaçante tonne à mes oreilles : mille dieux ! sapperment! je crois, baron, que vous avez neuf diables dans les jambes.

C'était ce maudit président du consistoire, que j'avais deja vu dans mon rêve, qui venait de m'arrêter dans un coin de la salle, et qui continuait ainsi : Je sortais de la salle de jeu, et j'entrais à peine dans la salle du bal que vous vous élancez comme un ouragan du milieu de la danse, vous me sautez sur les pieds comme un possédé : vous m'avez fait un mal affreux, et j'en rugirais comme un bœuf, si je n'étais pas un homme comme il faut. Voyez quelle confusion vous avez causée !

En effet, la musique avait cessé, la contre-danse à seize était bouleversée, et je vis les danseurs qui boitaient, les dames qui se faisaient reconduire à leurs places, et demandaient des odeurs. Dans l'élan du désespoir, j'avais continué la figure sur les pieds des danseurs, jusqu'au moment où le vigoureux président m'avait arrêté, et mis un terme à ma course impétueuse.

Victorine s'approcha de moi, les yeux enflammés de colère : En vérité, dit-elle, vous êtes d'une galanterie incomparable, monsieur le baron. Vous m'invitez pour la contredanse à seize, et vous dansez avec une autre dame, et vous troublez tout le bal.

— Juge, mon cher Euchar, de mes protestations.

— Ces mystifications, me répondit Victorine hors d'elle-même, sont dans vos habitudes, monsieur le baron, je vous connais, mais, je vous en prie, que dorénavant je ne sois plus l'objet de votre piquante ironie.

Elle me tourna le dos. Ma danseuse vint ensuite ; c'était la gentillesse, et je pourrais dire la complaisance même. La pauvre enfant a pris feu, je ne puis lui en faire un crime; mais, après tout, est-ce ma faute? O Victorine, Victorine! O contredanse maudite! O danse des furies, qui m'as précipité dans l'enfer.

Ludwig ferma les yeux, soupira et pleura; son ami fut assez bon pour ne pas rire aux éclats. Il savait que des accidens comme ceux qui venaient d'arriver au pauvre Ludwig au bal du comte Walther Puck produisaient souvent l'effet des cantharides sur des gens moins ridicules que Ludwig.

Celui-ci, après avoir avalé plusieurs tasses de chocolat, sans se brûler les lèvres comme le jour précédent, sembla reprendre ses esprits, et supporter avec plus de courage son affreuse destinée.

Écoute, dit-il à Euchar, qui venait d'ouvrir un livre, et lisait déjà très-attentivement, écoute-moi, n'étais-tu pas aussi invité au bal?

Sans doute, reprit Euchar avec indifférence, et sans lever les yeux de son livre.

Et tu n'es pas venu, reprit Ludwig, et tu ne m'as pas dit un mot de cette invitation?

— Une affaire m'a retenu, dit Euchar, une affaire beaucoup plus importante que tous les bals du monde, quand même j'aurais été invité par l'empereur du Japon.

La comtesse Victorine, reprit Ludwig, a demandé très-instamment pourquoi tu n'étais pas venu. Elle était inquiète, elle regardait fort souvent du côté de la porte. En verité, j'aurais pu devenir jaloux, et croire qu'il t'était arrivé pour la première fois de toucher le cœur d'une femme, si je n'avais pas su tout de suite le mot de l'énigme. J'ose à peine te rapporter ce que la charmante Victorine disait de toi; elle ne ménageait pas ses termes. Elle prétend que tu es un original, un homme insensible et sans cœur, dont la présence lui fait peur au milieu d'une réjouissance; elle avait craint que tu ne vinsses ce soir même troubler sa joie. Aussi, comme elle était joyeuse de ce que tu ne paraissais pas! A te parler franchement, je ne conçois pas comment toi, mon cher Euchar, à qui le ciel a départi tant d'avantages moraux et physiques, tu peux être si malheureux près des dames, et comment il se fait que partout je prenne le pas sur toi. Homme froid, homme froid, tu ne sens pas le sublime bonheur de l'amour, et voilà pourquoi tu n'es pas aimé! Et moi, au contraire! Je t'en fais juge : cette bouillante colère de Victorine ne fut-elle pas allumée dans son sein par ce feu d'amour qui brûle sans cesse pour moi, pour l'heureux, pour le fortuné Ludwig?

La porte s'ouvrit en ce moment, et l'on vit paraître dans la chambre un petit homme singulier, en habit rouge avec des boutons d'acier, en culotte et gilet de soie noire, avec un joli toupet bien frisé, et une petite queue ronde.

Mon bon Cochenille, s'écria Ludwig en s'élançant au-devant de lui ; mon bon monsieur Cochenille, comment ai-je le rare plaisir......

Euchar allégua des affaires importantes qui l'appelaient chez lui, et laissa son ami seul avec le valet de chambre du comte Walther Puck

Cochenille apprit à Ludwig avec un doux sourire et les yeux baissés que leurs Grâces le comte et la comtesse sa fille étaient maintenant convaincus qu'au milieu de la contredanse à seize le très-honoré baron avait été subitement atteint d'une maladie singulière qu'on nommait en latin à peu près *raptus*, et que lui, M. Cochenille, venait s'informer de la santé du très-honoré baron.

Raptus, s'écria Ludwig, que parlez-vous de raptus, ô Cochenille!

Il raconta dans le plus grand détail tout ce qui s'était passé, et pour conclusion pria l'habile valet-de-chambre du comte Walther Puck de racommoder les affaires, autant qu'il serait en son pouvoir.

Ludwig apprit que sa danseuse était une cousine de Victorine, venue de la campagne pour la fête du comte, son maître ; qu'elle et la comtesse Victorine n'avaient qu'un cœur et qu'une âme, et que les jeunes dames avaient souvent imaginé d'exprimer l'union des âmes par la soie et par les fleurs ; et que, pour cette raison, elles prenaient quelquefois le même costume.

Cochenille assura qu'au reste la colère de la comtesse Victorine n'était pas très-sérieuse.

A la fin du bal, il avait servi des glaces aux deux cousines au moment où elles se trouvaient ensemble, et il avait remarqué qu'elles riaient et ricanaient très-cordialement; il avait même entendu très-distinctement et à plusieurs reprises le nom du très-honoré baron. A la vérité, il avait appris que la jeune cousine était d'une complexion fort amoureuse, et peut-être maintenant voudrait-elle que M. le baron continuât ce qu'il avait si bien commencé, c'est-à-dire qu'il fît très-sérieusement la cour à la jeune dame, pendant quelques mois, et prît enfin des gants glacés pour la conduire à l'autel; mais lui, Cochenille, emploierait tout son pouvoir pour la désabuser. Dès le lendemain matin, à l'heure où il aurait l'honneur de friser le comte, son maître, à l'instant où il arrangerait la perruque du côté gauche, il lui raconterait toute l'histoire, et le prierait de vouloir bien employer toute l'autorité d'un oncle pour représenter à la cousine que la déclaration d'amour de M. le baron n'était pas autre chose qu'une politesse banale, une espèce de compliment, ajouté pour la forme à la danse et à telle figure, un excès d'amabilité. Ces remontrances feraient sans doute un bon effet.

Enfin, Cochenille conseilla au baron de voir Victorine le plus tôt qu'il serait possible ; aujourd'hui même l'occasion était favorable. La présidente Veehs donnait le soir un thé œsthétique, elle avait fait venir ce thé directement de la Chine par l'ambassade russe, comme il l'avait appris du valet de chambre de l'ambassadeur; et ce thé exhalait un parfum suave et délicieux. Il y trouverait Victorine, et l'union serait bientôt rétablie entre les deux amans.

Ludwig vit bien que d'indignes soupçons avaient seuls pu causer son désespoir, et détruire son ancienne confiance en lui-même, en son bonheur; il résolut d'aller au thé œsthétique de la présidente, et d'y montrer tant de grâce et d'amabilité que Victorine n'eût pas le courage de bouder, même quelque peu.

CHAPITRE III.

Le thé æsthétique. — Suffocation d'un poète tragique. — L'histoire prend un essor plus sérieux; il est question de batailles sanglantes, de suicide, etc.

Il faut que mon lecteur bénévole se résigne à suivre nos deux jeunes amis, Euchar et Ludwig, au thé œsthétique, chez la présidente Veehs. Une douzaine de dames environ, en toilettes assez élégantes, sont assises en demi-cercle. L'une rit sans intention, l'autre est absorbée dans la contemplation de ses petits pieds, avec la pointe desquels elle répète adroitement et tout bas les pas de quelque nouvelle danse française; la troisième semble dormir d'un doux sommeil, et rêver plus délicieusement encore ; la quatrième promène le feu de ses regards sur tous les jeunes gens qui se trouvent dans le salon, afin de les éblouir tous à-la-fois ; la cinquième chuchotte : divin, délicieux ! sublime !... Ces exclamations s'adressent au jeune poète qui lit dans ce moment, avec tout le pathos possible, une tragédie nouvelle, tragédie fataliste, tragédie insipide, ennuyeuse, et, par conséquent, très-digne d'un pareil auditoire. Ce qui faisait un effet charmant, c'est qu'on entendait, souvent au milieu de la lecture, une espèce de grondement, semblable au bruit sourd et lointain du tonnerre. Or, c'était le président du consistoire, qui, dans une chambre éloignée, faisait une partie de piquet avec le comte Walther Puck, et faifait entendre parfois sa voix terrible et menaçante. Le poète lisait du ton le plus doux qui fût dans son gosier.

« Une fois, une seule fois encore, » parle et permets que je t'entende, » ô charmante voix! oui, voix, douce » voix, voix sortie du fond de l'abî- » me; voix portée sur les brises légè- » res du ciel! écoutez, écoutez! »

En ce moment le tonnerre éclata, après avoir long-temps menacé: mille dieux! sapperment! s'écria le président d'une voix qui retentit dans toute la salle, et tout le monde se leva par un mouvement d'effroi. Ce qui fut plus charmant encore, c'est que le poète ne se déconcerta point, et continua :

« Oui, c'est sa voix, c'est un sou-
» pir d'amour, ces sons chéris ont
» coulé de ses lèvres doux comme le
» miel ! »

Une fatalité plus puissante que celle qui dominait dans la tragédie du jeune poète, ne lui permit point de finir sa lecture. Au moment même où le héros de la pièce prononce d'horribles imprécations, où, par conséquent le poète voulait élever sa voix à toute la hauteur du pathos tragique, il se trouva je ne sais quoi dans son gosier qui provoqua sur-le-champ une toux terrible, inextinguible ; on l'emporta plus mort que vivant.

La présidente, qui, depuis longtemps, avait remarqué le dépit et l'ennui général, ne fut pas très-fâchée de l'interruption. Dès que le calme fut rétabli dans la salle, elle proposa, pour le reste de la soirée, non plus une lecture, mais un récit vif et animé : Euchar, dit-elle, devait aujourd'hui faire preuve de complaisance, lui, qui gardait toujours un silence opiniâtre, et dédaignait de contribuer à l'amusement de la compagnie.

Euchar répondit avec modestie qu'il était fort mauvais conteur; que, d'ailleurs, ce qu'il pouvait offrir de meilleur à ces dames serait fort sérieux, souvent horrible, et peu capable de plaire à la société.

Quatre jeunes demoiselles s'écrièrent avec chaleur et d'une voix unanime : horrible ! dites-vous, bien horrible! tant mieux! oh! que j'aime l'horreur!

Euchar s'avança donc vers le fauteuil d'orateur, et commença : Nous avons vécu dans un temps qui gronda comme l'ouragan furieux sur nos têtes. La nature humaine, ébranlée jusque dans ses derniers fondemens, a produit de monstrueux prodiges, comme la mer agitée par la tempête élève sur le dos des vagues écumantes les monstres affreux qui rampaient dans ses abîmes. Tout ce que peuvent faire dans une lutte sanglante l'intrépidité, la bravoure indomptable, la haine, la vengeance, la rage et le désespoir, nous l'avons vu de nos jours dans la guerre que l'Espagne a soutenue pour son indépendance. Permettez-moi de vous raconter les aventures de mon ami (je l'appellerai Edgar), qui combattit sous les drapeaux de Wellington.

Edgar, versant des larmes de désespoir sur la honte de l'Allemagne, sa patrie, avait quitté sa ville natale pour se retirer à Hambourg, et vivait solitaire dans une petite chambre qu'il avait louée dans le quartier le plus retiré de cette ville. Il ne savait rien de son voisin, dont il n'était séparé que par une étroite cloison, sinon que c'était un vieillard malade et ne sortant jamais. Il l'entendait souvent gémir, et se répandre en plaintes douces et touchantes, mais sans pouvoir comprendre ses paroles. Bientôt son voisin prit l'habitude de se promener long-temps dans sa chambre, et sans doute il était convalescent; car, un jour, il accorda sa guitare, et chanta doucement des paroles qu'Edgar reconnut aussitôt : c'étaient celles d'une célèbre romance espagnole.

Pressée par ses questions, l'hôtesse lui dit, en confidence, que le vieillard était un officier espagnol du corps de Romana, forcé, par sa maladie, de rester dans cette ville; mais on le gardait à vue, et il n'osait sortir.

Au milieu de la nuit, Edgar entendit l'Espagnol tirer de sa guitare des accords plus vifs qu'à la première fois. Il entonna d'une voix plus forte, avec un accompagnement bizarre et varié, la *Profecia del Pirineo*, de don Juan-Baptista de Arriaza. Voici les strophes :

Y oie que el gran rugido
Es ya trueno en los campos de Castilla,
En las Asturias belico alarido
Voz de vengaza en la imperial Sevilla
Junto à Valencia es rayo.
Y terremoto horrisono en Monsayo.

Mira en hares guererras,
La España toda hieriendo hasta sus fines
Batir tambores, tremolar banderas
Estallar bronces, resonar clarines,
Y aun las antiguas lanzas
Salir del polvo a renovar venganzas.

Ici la présidente interrompit l'orateur : plairait-il à notre ami, dit-elle, avant de poursuivre son récit, de vouloir bien nous répéter ces beaux vers en allemand? plusieurs de ces dames ont, comme moi, le défaut anti-œsthétique de ne pas entendre l'espagnol.

L'harmonie éloquente de ces vers,

répondit Euchar, se perd dans la traduction ; cependant, en voici une version allemande assez bonne :

« Entendez-vous les rugissemens
» du lion, le tonnerre dans le pays de
» Castille, les hurlemens des fils de
» l'Asturie, le cri de vengeance des
» habitans de Séville. Valence est
» ébranlée, et le sol de Monsayo
» tremble et gronde.

« Voyez jusqu'aux frontières le
» pays se rougir du sang des com-
» bats, les tambours battre aux
» champs, et les étendards briller,
» l'airain retentir, la trompette son-
» ner, et les lances même qui gi-
» saient dans la poussière se relever
» au jour de la vengeance. »

L'enthousiasme passa des chants du vieillard espagnol dans l'âme d'Edgar. Un nouveau monde s'offrit à lui, il pouvait maintenant sortir de l'inaction, donner un but à son activité, courir au champ d'honneur, et apaiser la lutte qui déchirait son sein. Oui, en Espagne! en Espagne! s'écria-t-il tout haut, mais, au même instant les chants et les accords avaient cessé. Edgar ne put résister au désir de connaître celui qui lui inspirait une vie nouvelle. La porte cède sous sa main, mais, au moment où il entre dans la chambre du vieillard, celui-ci s'élance de son lit en s'écriant : traidor! (traître) et se précipite sur Edgar, le poignard nu.

Edgar évite le coup par un léger détour, se saisit du vieillard, et le reporte sur son lit.

Il tient embrassé le vieillard débile, et le conjure, dans les termes les plus affectueux, de lui pardonner une visite aussi brusque. « Il n'est pas un traître, les chants du vieillard qu'il vient d'entendre ont fait succéder à ses chagrins, aux douleurs inconsolables qui déchiraient son âme, un enthousiasme belliqueux, un courage indomptable. Il veut aller en Espagne, il combattra avec joie pour la liberté de cette nouvelle patrie. »

Serait-il possible? dit le vieillard, à voix basse, en le regardant fixément.

Edmond le tenait toujours embrassé, et lui jurait par les sermens les plus solennels que rien ne pourrait l'empêcher d'exécuter sa résolution; le vieillard le pressa sur son cœur, et jeta loin de lui le poignard qu'il tenait encore à la main.

Edgar apprit que le vieillard se nommait Baldassare de Luna, et qu'il était issu d'une des plus nobles familles d'Espagne. Sans secours, sans ami, sans la moindre protection contre la misère et l'indigence, il avait la triste perspective de traîner une vie honteuse loin de sa patrie. Edgar ne put d'abord calmer l'infortuné vieillard; mais quand il eut juré par le ciel de faciliter leur fuite commune en Angleterre, un nouveau feu circula dans tous les membres de l'Espagnol. Ce n'était plus le vieillard débile, c'était un jeune homme inspiré, insultant déjà à l'impuissance de ses oppresseurs.

Edgar tint sa promesse. Il parvint

à tromper la vigilance des perfides ennemis de l'Allemagne, et passa en Angleterre avec Baldassare de Luna. Mais le destin ne permit pas au courageux vieillard qu'il avait long-temps persécuté de revoir sa chère patrie. Il tomba malade, et mourut à Londres dans les bras d'Edgar. Une inspiration prophétique lui fit voir à ses derniers momens la gloire de sa patrie délivrée. Dans les derniers soupirs d'une prière qui s'échappait péniblement de ses lèvres déjà glacées par la mort, Edgar entendit le mot : Victoria! et la joie du ciel brilla sur le front serein du mourant.

Edgar arriva devant Tarragone avec la brigade du colonel anglais Sterret, à l'époque où les troupes victorieuses de Suchet semblaient rendre toute résistance inutile, et menaçaient d'affermir à jamais sur les têtes espagnoles le joug honteux de la domination étrangère. On sait que le colonel anglais trouva la situation de Tarragone trop périlleuse, et n'osa faire débarquer ses troupes. Le jeune Allemand, qui brûlait de se signaler, ne put supporter cette inaction; il quitta les Anglais pour aller rejoindre le général espagnol Contreras, qui s'était enfermé dans la citadelle avec huit mille hommes des meilleures troupes de l'Espagne. On sait encore que, malgré la résistance la plus courageuse, les troupes de Suchet prirent d'assaut Tarragone, et que Contreras lui-même, blessé d'un coup de bayonnette, tomba au pouvoir de l'ennemi.

Edgar vit alors des scènes d'horreur et de carnage. Soit trahison infâme, soit négligence inconcevable de la part des commandans, les troupes à qui l'on avait confié la défense du point le plus important de la ville manquèrent bientôt de munitions. Ils résistèrent long-temps à l'arme blanche aux troupes ennemies qui se précipitaient par les portes brisées; mais, forcés de reculer enfin sous le feu des Français, ils gagnèrent, dans un affreux désordre, l'autre porte de la ville, et c'est là que, dans un passage trop étroit pour tous ceux qui s'y précipitaient à la fois, ils furent obligés de s'arrêter et d'attendre le massacre et la mort. Quatre mille Espagnols dont faisait partie le régiment d'Almeira, où servait Edgar, parvinrent cependant à sortir. Ils se firent jour, avec la rage que donne le désespoir, à travers les bataillons ennemis qui les attendaient à la porte, et continuèrent leur retraite sur le chemin de Barcelonne.

Ils se croyaient déjà sauvés, quand tout à coup le feu d'une batterie cachée derrière un fossé profond qui traversait la route répandit dans leurs rangs une mort soudaine, inévitable. Edgar frappé tomba sans connaissance.

Quand il revint à lui, il se sentit un violent mal de tête. Il était nuit ; il entendit autour de lui les cris et les gémissemens des mourans ; un frisson de mort glaça tous ses membres. Il eut pourtant la force de se lever, et de se traîner loin du champ de bataille.

Aux premières lueurs du crépuscule, il se trouva près d'un profond ravin ; il allait y descendre, quand il vit sur la hauteur, au-dessus de lui, un détachement de cavaliers ennemis qui venait lentement de son côté. Comment éviter l'esclavage ? Il se croyait perdu sans ressource ; mais quelle fut sa surprise, lorsque plusieurs coups partis d'un épais taillis renversèrent une partie des cavaliers, et qu'il vit une troupe de Guérillas se précipiter sur les autres. Il appelle à haute voix ses libérateurs en espagnol, il se traîne vers eux, il est reçu avec des transports de joie. Sa blessure était légère, il fut bientôt guéri, et en état de se joindre à la troupe de don Joachim Blake, qui, après plusieurs combats, alla se jeter dans Valence.

Qui ne sait que la plaine arrosée par le Guadalquivir, où s'élève la belle Valence avec ses tours orgueilleuses, mérite d'être appelée le paradis terrestre? Sous un ciel toujours pur et serein les rayons du bonheur brillent sans cesse dans l'âme des habitans pour qui la vie n'est qu'une fête perpétuelle. Et cette belle Valence était alors le théâtre du meurtre et du carnage! au lieu de ces doux accens d'amour, de ces romances tendrement soupirées au bas d'une jalousie, on n'entendait plus que le bruit sourd des trains d'artillerie, des caissons, les cris farouches des sentinelles, le murmure sinistre des troupes qui traversaient les rues. Toute joie avait disparu ; l'attente des affreux malheurs qui se préparaient, se peignait sur tous les visages, avec la pâleur de la rage et de la douleur. Sur l'Alameda, cette charmante promenade de Valence, autrefois le tivoli du *Beau Monde*, une partie des troupes faisait maintenant l'exercice.

C'est là qu'un jour Edgar, seul, appuyé contre un arbre, et réfléchissant à l'obscure et triste destinée qui semblait peser sur l'Espagne, remarqua tout à coup un homme âgé, d'une taille haute et fière, qui se promenait de long en large, et chaque fois qu'il passait devant lui, s'arrêtait pour lui lancer un coup-d'œil sévère. Edgar s'avance enfin vers le vieillard; et lui demande avec honnêteté ce qui peut lui valoir de la part de l'Espagnol une attention si particulière

Je ne me suis pas trompé, répondit celui-ci, dont les yeux ombragés par d'épais sourcils noirs, lançaient un feu sombre et terrible ; je ne me suis pas trompé, vous n'êtes pas Espagnol, et cependant, à voir votre habit, vous êtes un de nos compagnons d'armes ; c'est assez singulier.

Edgar, blessé d'un langage aussi brusque, répondit pourtant avec calme, et lui raconta par quelle suite d'évènemens il se trouvait en Espagne.

Mais à peine eut-il prononcé le nom de Baldassare de Luna que le vieillard s'écria avec transport : que dites-vous ? Baldassare de Luna ! Baldassare de Luna ! mon digne cousin !

le meilleur ami qui me reste encore ici-bas.

Edgar lui répéta ce qu'il avait dit, et comment Baldassare de Luna était mort en prédisant le triomphe de l'Espagne.

Le vieillard joignit les mains, et leva vers le ciel ses yeux mouillés de larmes ; ses lèvres tremblaient, il semblait parler à son ami, là haut.

Pardon, dit-il ensuite en se tounant vers Edgar, pardon, une méfiance injuste m'a fait tenir avec vous une conduite qui ne m'est pas ordinaire. Il y a quelque temps, on disait que la scélératesse de nos ennemis allait jusqu'à faire arriver dans nos rangs des officiers étrangers, pour préparer au milieu de nous les trahisons qui doivent nous perdre. Les évènemens de Tarragone n'ont que trop bien justifié ces soupçons; et la junte a décidé qu'on renverrait tous les officiers étrangers. Cependant don Joachim Blake a déclaré que les ingénieurs étrangers lui étaient indispensables; mais en même temps il a juré de faire fusiller sur-le-champ tout étranger suspect, même sur le plus léger soupçon de traîtrise. Si vous êtes réellement un ami de Baldassare, alors vous êtes un brave, un homme d'honneur. Cependant je vous ai averti, c'est à vous d'agir en conséquence.

Le vieillard s'éloigna.

La fortune des combats semblait avoir quitté pour toujours les drapeaux espagnols; le courage même du désespoir ne pouvait arrêter les progrès rapides de l'ennemi. Valence était de jour en jour bloquée plus étroitement; Blake, réduit à la dernière extrémité, résolut de faire une sortie avec douze mille hommes d'élite. On sait qu'un petit nombre seulement parvint à se faire jour à travers l'armée ennemie, que les autres furent en partie massacrés, en partie refoulés dans la ville. C'est alors qu'Edgar, à la tête du régiment des braves chasseurs d'Ovihuela, tint tête à l'ennemi pendant quelques momens, et rendit ainsi la retraite moins confuse et moins meurtrière. Mais comme à Tarragone, au plus fort de l'action, il fut atteint d'une balle et renversé.

Je ne saurais expliquer, me disait souvent mon ami, l'état singulier où je me trouvai depuis ce moment-là jusqu'au jour où je repris connaissance. Souvent il croyait être sur le champ de bataille, il entendait le bruit des canons, les cris farouches des combattans; les Espagnols vainqueurs marchaient en avant, mais au moment où, transporté d'une joie martiale, il voulait conduire au feu son bataillon, il sentait tout à coup ses membres paralysés, et tombait dans une léthargie complète : ensuite, en revenant à lui, il sentait distinctement qu'on l'avait couché sur un lit de plumes; on lui offrait des breuvages rafraîchissans, des voix parlaient tout bas à côté de lui, et pourtant il ne pouvait sortir de son rêve pénible. Un jour qu'il se croyait encore au milieu de la mêlée, il lui sembla qu'on le saisissait par derrière, pendant qu'un chasseur ennemi déchargeait son arme sur lui; la balle avait frappé sa poitrine, et s'insinuait lentement dans les chairs en lui faisant souffrir des tourmens incroyables; vaincu par la douleur, il tomba dans un profond sommeil de mort.

Un jour, en se réveillant de ce triste sommeil, il avait repris connaissance; mais en portant ses regards autour de lui, il se demandait avec inquiétude en quels lieux il se trouvait. Une chambre basse, petite, semblable à une prison, des murs de pierre brute, contrastaient singulièrement avec un lit si doux, avec ses couvertures de soie. Une lampe mourante répandait une pâle clarté sur les objets; il ne voyait ni porte ni fenêtres. Il se leva péniblement sur son séant, et vit dans un coin de la chambre un franciscain assis dans un fauteuil et qui semblait dormir.

Où suis-je? s'écria Edgar en rassemblant toutes ses forces.

A ce cri, le franciscain se réveille, mouche la lampe, la prend et l'approche de la figure d'Edgar, lui tâte le pouls, et murmure quelques mots que le malade ne comprend pas. Edgar voulait demander au moine tout ce qui s'était passé, quand, tout-à-coup, le mur sembla s'ouvrir sans bruit, un homme entra dans la chambre : Edgar reconnut le vieillard de l'Alameda. Le moine lui dit que la crise était passée, et que tout irait bien.

Dieu soit loué! répondit le vieillard, en s'approchant du lit d'Edgar.

Le malade voulait parler, le vieillard le pria de garder le silence; dans sa position, le moindre effort pouvait encore être dangereux. Sans doute, ajouta-t-il, Edgar s'étonnait de se trouver en pareils lieux, et dans une pareille société; mais quelques mots suffiraient pour le tranquilliser, et pour lui faire comprendre qu'il avait été nécessaire de le loger dans cette triste prison.

Edgar apprit enfin tout ce qu'il voulait savoir. Renversé par la balle qui l'avait frappé dans la poitrine, ses intrépides compagnons d'armes, malgré le feu terrible de l'ennemi, l'avaient enlevé du champ de bataille, et rapporté dans la ville. Au milieu de la confusion qui régnait dans Valence, don Rafaele Marchez (c'était le nom du vieillard) avait aperçu le blessé, et n'avait point permis qu'on le portât à l'hôpital, mais l'avait fait conduire dans sa maison, afin de donner à l'ami de son cher Baldassare tous les soins et tous les secours qui seraient en son pouvoir. La blessure était assez grave, mais ce qui rendait la position d'Edgar plus dangereuse encore, c'était une fièvre nerveuse, dont les symptômes s'étaient déclarés dès le premier jour, et qui bientôt éclata dans toute sa violence. On sait que Valence fut assiégée pendant trois jours et trois nuits; l'épouvante, la famine et toutes les horreurs d'un siége, remplissaient à-la-fois cette malheureuse ville qui pouvait à peine contenir tous ses habitans; la même populace qui d'abord, ameutée par la junte, avait exigé avec les menaces les plus terribles que Blake se défendît jusqu'à la dernière extrémité, voulait maintenant que le général espagnol se rendît sur l'heure même avec armes et bagages : Blake, conservant le sangfroid d'un héros, fit dissiper l'attroupement par la garde wallone, et obtint ensuite de Suchet une capitulation assez honorable.

Don Rafaele Marchez craignait qu'Edgar, dangereusement malade, ne tombât entre les mains de l'ennemi. Dès que la capitulation fut conclue, et que les Français entrèrent dans Valence, il fit porter Edgar dans un souterrain éloigné, où nul

étranger ne pourrait jamais le découvrir.

Ami du bienheureux Baldassare, dit don Rafaele Marchez en finissant, vous êtes aussi le mien; votre sang a coulé pour ma patrie, chaque goutte de ce noble sang est tombée brûlante sur mon cœur; elle y a effacé jusqu'aux moindres traces de soupçon et de défiance; dans ces temps malheureux, la défiance est pardonnable. Mais le même feu qui dans le cœur de l'Espagnol allume la haine la plus implacable enflamme aussi sa généreuse amitié, et le rend capable de tout faire, de tout sacrifier pour son frère. Les ennemis sont logés dans ma maison; mais ici vous êtes en sûreté, et dussé-je m'exposer aux plus affreux malheurs, je vous jure que je me ferais enterrer sous les ruines de Valence avant de vous avoir trahi. Comptez sur ma parole.

Pendant le jour le silence des tombeaux semblait environner Edgar et son obscure retraite; dans la nuit, au contraire, il croyait entendre au loin comme le retentissement de quelques pas légers, le sourd murmure de quelques voix, le bruit de portes qu'on ouvre et qu'on referme, un cliquetis d'armes.

A l'heure du sommeil, on eût dit que la vie se réveillait dans ces souterrains. Edgar interrogea le franciscain, qui ne le quittait jamais que pour un moment, et lui prodiguait ses soins avec une tendresse infatigable. Le moine répondit que dès qu'Edgar serait en convalescence, il apprendrait sans doute par don Rafaele Marchez lui-même ce qui se passait dans le voisinage; et c'est ce qui eut lieu. Quand il put quitter le lit, don Rafaele vint pendant la nuit, une torche à la main, pria Edgar de s'habiller et de le suivre avec le père Eusebio, c'était le nom du franciscain, qui avait rempli près de lui les fonctions de médecin et de garde-malade.

Don Rafaele le conduisit par une allée étroite et passablement longue jusqu'auprès d'une porte fermée; le vieillard y frappa; elle s'ouvrit aussitôt.

Quelle fut la surprise d'Edgar, en se trouvant sous une voûte vaste et bien éclairée, au milieu d'une nombreuse réunion d'hommes qui presque tous avaient un extérieur sauvage, malpropre, et l'air insolent. Au milieu d'eux un homme se tenait debout, vêtu comme le plus simple paysan, les cheveux en désordre; on eût dit une espèce de nomade, sans foyers, sans asile, et pourtant il y avait dans toute sa personne quelque chose de fier et d'imposant. Sa physionomie était noble, son œil brillait de ce feu guerrier qui trahit le héros. Don Rafaele lui présenta son ami : Voilà, dit-il, ce jeune et brave Allemand que j'ai sauvé des mains de nos ennemis ; il est prêt à soutenir la grande lutte pour la liberté de l'Espagne. Puis, se tournant vers Edgar :

« Vous voyez ici, lui dit-il, au cœur

de Valence, au milieu même de nos ennemis, le foyer où l'on attise éternellement le feu sacré dont la flamme inextinguible doit dévorer un jour nos infâmes ennemis, alors qu'enhardis et rassurés par les faveurs trompeuses de la fortune ils étaleront sans crainte leur orgueil et leur insolence. Vous êtes ici dans le souterrain du cloître des franciscains. C'est par cent issues, toutes cachées aux traîtres, que se rassemblent ici les chefs des braves; c'est de ce foyer que partent tous les rayons qui brillent jusqu'aux frontières; c'est ici qu'on prépare la perte et la mort de ces perfides étrangers qui ne doivent la victoire qu'au nombre. Don Edgar, nous vous regardons comme l'un des nôtres.

Prenez votre part de notre gloire et de nos dangers. »

Cet homme, vêtu comme un paysan, c'était Empecinado, le fameux chef des Guérillas, Empecinado, dont la bravoure héroïque s'élevait jusqu'aux prodiges de la fable; celui qui, semblable au génie même de la vengeance, défait et déjouait tous les efforts de l'ennemi; celui qui disparaissait un moment pour revenir tout à coup plus fort et plus terrible; celui qui, dans le moment même où les ennemis proclamaient l'entière défaite de ses partisans, reparut devant les portes de Madrid, et fit trembler pour ses jours l'usurpateur. Empecinado tendit la main à Edgar, et ses paroles enflammèrent le jeune Allemand d'un nouveau courage.

On amenait en ce moment un jeune homme garotté. Son visage, couvert d'une pâleur mortelle, portait l'empreinte d'un morne désespoir; il semblait trembler, et ne se soutenir qu'avec peine; on le conduisit devant Empecinado. Celui-ci attacha sur lui ses regards foudroyans, et lui dit avec un calme terrible et sinistre : Antonio, vous avez des intelligences avec l'ennemi, vous avez été plusieurs fois chez Suchet à des heures où d'ordinaire on ne rend pas de visite; vous avez voulu livrer notre place d'armes dans la province de Cuença.

C'est vrai, répondit Antonio avec un douloureux soupir, et sans relever sa tête penchée sur son sein.

Est-il possible? s'écria Empecinado, écumant de colère? est-il possible que tu sois Espagnol, et que le sang de tes ancêtres coule dans tes veines? Ta mère n'était-elle pas la vertu même? si la plus légère pensée qu'elle ait pu porter atteinte à l'honneur de sa famille n'était pas un crime abominable, je dirais que tu n'es qu'un bâtard, né de la plus vile populace qui soit au monde. Tu as mérité la mort; prépare-toi donc à mourir.

Antonio, dans l'excès de sa douleur et de son désespoir, se jette aux pieds d'Empecinado, et s'écrie: Mon oncle, mon oncle, croyez-vous que toutes les furies de l'enfer ne déchirent pas mon cœur? Pardon, pitié, je vous en conjure! Songez que la ruse du Démon peut souvent beaucoup.

Oui, mon oncle, je suis Espagnol ; laissez-moi le prouver. Soyez compatissant ; accordez-moi la grâce d'effacer la honte et le déshonneur que les artifices maudits de l'enfer ont amassé sur ma tête, de me purifier aux yeux de mes frères et à mes propres yeux. Mon oncle, vous me comprenez; vous savez ce que je vous demande.

Empecinado parut attendri par les larmes du jeune homme. Il le releva, et lui dit avec plus de douceur ; : « Tu as raison, la ruse du Diable peut beaucoup. Ton repentir est sincère ; il doit l'être. Je sais ce que tu me demandes ; je te pardonne, fils de ma sœur chérie. Viens sur mon sein. »

Empecinado délia lui-même les chaînes du jeune homme, le serra dans ses bras, et lui présenta le poignard qu'il portait à sa ceinture.

Merci! s'écria le jeune homme.

Il baisa les mains d'Empecinado, les arrosa de ses larmes, leva vers le ciel un regard suppliant, s'enfonça le poignard dans le cœur, et tomba sans dire un mot. Edgar, encore malade, fut tellement frappé de cet horrible spectacle qu'il se sentit près de perdre connaissance. Le père Eusebio le reconduisit dans sa chambre.

Quelques semaines après, don Rafaele Marchez crut pouvoir sans danger faire sortir Edgar de sa prison, où sa guérison ne serait jamais complète.

Pendant la nuit, il le conduisit dans une chambre retirée, dont les fenêtres donnaient sur une rue presque déserte, et lui recommanda de ne pas franchir le seuil de sa porte, à cause des Français logés dans la maison.

Edgar, sans trop savoir pourquoi, eut un jour la fantaisie de se promener dans le corridor; mais à peine était-il sorti de sa chambre qu'une porte s'ouvrit en face, et qu'il vit venir à sa rencontre un officier français.

Eh! l'ami Edgar, comment vous trouvez-vous ici? soyez mille fois le bienvenu! s'écrie le Français en s'élançant vers lui, en l'embrassant avec effusion de joie. Edgar reconnut aussitôt Lacombe, colonel de la garde impériale. A l'époque désastreuse de l'abaissement de l'Allemagne, sa patrie, le hasard avait conduit le colonel chez l'oncle près duquel Edgar s'était retiré, après avoir été forcé de déposer les armes.

Lacombe était né dans le midi de la France. Sa bonté, sa franchise, sa délicatesse à l'égard des vaincus qu'il savait profondément humiliés, qualité qui n'est pas ordinaire aux gens de sa nation, avaient triomphé de la répugnance, de la haine implacable, invétérée, qu'Edgar nourrissait dans le fond du cœur contre un ennemi superbe ; enfin quelques traits de Lacombe, qui ne permettaient plus de révoquer en doute sa loyauté et la noblesse de son caractère, lui avaient gagné l'amitié d'Edgar.

« Edgar, comment te trouves-tu

à Valence? demanda le colonel. »
Qu'on se figure l'embarras du jeune
Allemand ; il ne put répondre.

Le colonel le regarda fixément, et
lui dit d'un ton plus sévère : « Oui, je
sais quel motif t'amène en ce pays.
Tu viens ici satisfaire ta haine, et tirer le glaive de la vengeance pour la
prétendue liberté d'un peuple en
délire, et.... je ne puis t'en faire un
crime ; mais ton amitié pour moi
n'aurait pas été sincère, si tu pouvais me croire capable d'une trahison. Non, mon ami, maintenant
que je t'ai rencontré, tu te trouves
en parfaite sûreté. Apprends que
dès ce jour tu dois être commis
voyageur d'une maison de commerce allemande établie à Marseille,
et que j'ai connue anciennement ; te

voilà sauvé. » Edgar montrait quelque répugnance, mais Lacombe ne lui laissa point de repos qu'il n'eût accepté sa proposition, et consenti à partager avec lui le beau logement que lui avait cédé don Rafaele Marchez.

Edgar se hâta d'aller instruire le soupçonneux Espagnol de cette rencontre imprévue, et de son ancienne liaison avec Lacombe. Don Rafaele se contenta de lui répondre avec froideur et sécheresse : En effet, c'est une singulière rencontre !

Le colonel comprenait la position d'Edgar. Cependant, comme il était Français avant tout, il s'imagina que la joie, le mouvement et les distractions devaient guérir les blessures les plus profondes. Il se chargea donc de distraire son ami; il se promenait tous les jours sur l'Alameda, bras dessus bras dessous avec le marchand Marseillais; il l'entraînait dans les folles parties de ses camarades étourdis et présomptueux comme de jeunes militaires.

Edgar s'aperçut mainte fois que des figures sinistres s'attachaient à ses pas, et le suivaient d'un regard soupçonneux; un jour, en entrant avec le colonel dans un café, il frémit involontairement, en entendant ces mots prononcés tout bas derrière lui; *acqui esta el traidor* (voilà le traître!)

Don Rafaele devenait tous les jours plus froid et plus laconique, enfin il cessa de voir Edgar, et lui fit dire qu'il pouvait désormais prendre ses repas avec le colonel Lacombe, au lieu de dîner avec lui, comme il en avait pris l'habitude. Un jour que le colonel avait été forcé de sortir pour son service, et qu'Edgar se trouvait seul dans leur logement commun, on frappa doucement à la porte ; c'était le père Eusebio. Le moine s'informa d'abord de sa santé, parla de choses indifférentes, puis, s'arrêtant tout à coup, et regardant fixément Edgar, il dit d'une voix émue : « Non, don Edgar, vous n'êtes pas un traître. Dans les rêves extravagans, dans le brûlant délire de la fièvre, quand l'esprit lutte violemment avec son enveloppe mortelle, quand les nerfs, de plus en plus irrités, ne peuvent plus retenir les pensées qui s'égarent, l'homme alors est forcé de trahir ses plus secrètes pensées. Combien de fois, don Edgar, j'ai veillé toute la nuit au chevet de votre lit! combien de fois, sans le savoir, vous m'avez laissé lire dans votre âme! non, don Edgar, vous n'êtes pas un traître. Mais prenez garde, prenez garde. »

Edgar conjure Eusebio de lui dire quels soupçons planent sur sa tête, quels dangers le menacent.

« Je ne vous cacherai pas, répondit Eusebio, que vos liaisons avec le colonel Lacombe et ses amis vous ont rendu suspect; on craint que, sans mauvaise intention d'ailleurs, mais dans l'abandon de la joie, au milieu d'une partie de plaisir, vous ne trahissiez les mystères auxquels vous initia don Rafaele. Vous courez certainement quelques dangers. Mais, reprit Eusebio après une pause, en baissant les yeux vers la terre, et voyant qu'Edgar se taisait, il y aurait un moyen de prévenir tous ces dangers, il faudrait vous jeter entièrement dans les bras des Français, qui vous feraient quitter Valence.

Que me proposez-vous? s'écria Edgar. Vous oubliez que je suis Allemand! non, plutôt mourir sans reproche que de chercher mon salut dans la honte!

Don Edgar! s'écria le moine, comme inspiré, don Edgar, vous n'êtes pas un traître! Il pressa le jeune homme sur son sein, et quitta la chambre, les yeux mouillés de larmes.

Dans la nuit qui suivit cette visite, Edgar était resté seul, et le colonel n'était pas rentré ; il entendit des pas qui s'approchaient, et tout à coup la voix de don Rafaele : Ouvrez, don Edgar : Ouvrez ! Edgar ouvrit la porte et vit devant lui don Rafaele, une torche dans la main, suivi du père Eusebio. Don Rafaele l'invita à se rendre avec lui dans le couvent des franciscains, pour assister à une délibération importante. Ils étaient déjà dans l'allée souterraine, don Rafaele marchait en avant avec sa torche, quand Eusebio souffla ces mots à l'oreille d'Edgar : Grand Dieu ! vous marchez à la mort, vous ne pouvez plus leur échapper !

Edgar avait déjà dans plusieurs combats sanglans conservé son sang-froid et son courage, mais en ce moment la crainte et l'horreur d'un assassinat le firent chanceler ; Eusebio le soutenait avec peine. Cependant l'allée était longue, il eut le temps de se remettre, et de s'armer de résolution.

Les portes de la salle souterraine s'ouvrirent ; Edgar voyait déjà briller dans les yeux du farouche Empecinado la fureur et la vengeance. Derrière lui se tenaient plusieurs Guérillas et quelques franciscains. Il s'avança vers eux la tête levée, et dit avec calme et dignité : Je vous revois fort à propos, don Empecinado, je voulais faire à don Rafaele une demande à laquelle maintenant vous pourrez mieux satisfaire vous-même. Je suis entièrement guéri, le père Eusebio, mon médecin et mon fidèle gardien, peut vous l'attester ; je sens mes forces revenir, et je ne puis supporter plus long-temps un repos qui me fatigue au milieu d'ennemis que je déteste. Je vous en prie, don Empecinado, faites-moi sortir de Valence par les issues secrètes que vous connaissez; que je puisse rejoindre votre bande et reprendre cette vie active et glorieuse après laquelle je soupire.

Hem! répondit Empecinado, d'un ton presque railleur, est-ce que vous tenez encore pour le peuple insensé qui aime mieux mourir que de rendre hommage à la grande nation? Vos amis ne vous ont-ils pas ouvert les yeux?

Don Empecinado, reprit Edgar avec fermeté, vous connaissez bien mal le caractère allemand; vous ne savez pas que le feu du courage brûle dans les cœurs de mes compatriotes, comme la flamme vive et pure de la naphte, sans jamais s'éteindre; que la bonne foi germanique est le bouclier impénétrable contre lequel viennent se briser sans vigueur tous les traits empoisonnés de la perfidie. Je vous en prie encore une fois, don Empecinado, rendez-moi la liberté, je veux me montrer plus digne encore de l'estime que je crois avoir déjà méritée.

Empecinado, surpris, fixait Edgar, pendant qu'un sourd murmure circulait dans l'assemblée. Don Rafaele voulait parler à Empecinado, mais celui-ci le repoussa, s'approcha d'Edgar, lui prit la main, et lui dit avec émotion : Nous vous préparions un autre accueil, mais, don Edgar, songez à votre patrie ! les ennemis qui l'ont humiliée sont ici devant vous. Songez que vos frères d'Allemagne lèveront aussi les yeux vers le phénix, le jour où, sorti du feu que nous avons allumé, il déploiera dans les airs ses ailes brillantes : alors, le désespoir enflammera la passion des combats, le courage qui donne et reçoit la mort.

J'y songeais, répondit froidement Edgar, avant de quitter ma patrie, avant de venir ici verser mon sang pour votre liberté ; une soif de vengeance s'alluma dans mon sein le jour où don Baldassare de Luna mourut dans mes bras.

Eh bien ! s'écria Empecinado, comme dans un accès de colère, si votre résolution est sérieuse, vous partirez cette nuit même, à l'instant; vous ne pouvez plus rester chez don Rafaele. Edgar assure que c'était son désir, et il fut enmené par un Espagnol, nommé Isidor Mirr, qui devint plus tard chef de Guérillas, et par le père Eusebio.

Chemin faisant, le bon moine ne se lassait point de témoigner au jeune allemand toute sa joie de le voir sauvé. « Le ciel, lui disait-il, a protégé votre vertu, il a mis dans votre cœur ce courage miraculeux qui m'a surpris. » Edgar se joignit à la première bande de Guérillas qu'il rencontra plus près de Valence qu'il ne le pensait, et que les ennemis ne pouvaient le soupçonner.

Je passerai sous silence les aventures guerrières d'Edgar, qui sembleraient empruntées à quelques romans de chevalerie, pour arriver au moment où il retrouva tout à coup don Rafaele Marchez parmi des Guérillas. « On fut bien injuste envers » vous, don Edgar, vint lui dire l'Espagnol. » Edgar lui tourna le dos.

A l'approche de la nuit, une inquiétude toujours croissante, une anxiété douloureuse tourmentait le vieillard. Il courait çà et là, soupirait, gémissait, levait les mains au ciel, et se mettait en prière. « Qu'a » donc le vieillard, demanda Edgar?» « Après s'être évadé, » lui répondit Isidor Mirr, « il a eu le bonheur de sau- » ver ses objets les plus précieux, et » de les faire charger sur des mulets; » il les attend cette nuit même, et ne

» les voyant pas arriver, il craint
» quelque malheur. » Edgar fut indigné d'une avarice qui semblait étouffer dans le cœur de don Rafaele tout autre sentiment. Il était minuit; la lune répandait sa paisible clarté sur les montagnes, quand tout-à-coup on entendit une fusillade dans le défilé voisin. Bientôt après des Guérillas blessés et se traînant avec peine vinrent annoncer que la petite troupe qui escortait les mulets de don Rafaele avait été surprise par des chasseurs français. Presque tous leurs camarades étaient tués; les mulets étaient au pouvoir de l'ennemi. Grand dieu! mon enfant, mon pauvre enfant! s'écria don Rafaele, et il tomba sans connaissance.

Que faire, camarades? dit Edgar.

En avant, aux armes! courons dans le défilé venger la mort de nos braves, et arracher la proie jusque dans la gueule des chiens.

Le brave Allemand a raison, cria-t-on de toutes parts, et tous se précipitèrent dans le défilé, comme l'ouragan qui descend des montagnes.

Quelques Guérillas se défendaient encore avec le courage du désespoir. Valencia! Valencia! s'écria Edgar en se jetant au plus épais de la mêlée; et les Guérillas, rugissant comme le tigre pour annoncer la mort à sa victime, fondent sur les ennemis déjà vaincus par la frayeur, les poignardent, et les renversent à coups d'arquebuses. Ceux qui s'étaient échappés tombèrent plus loin. Les Valenciens qui poursuivaient dans les environs les cuirassiers du général Moncey, les prirent en flanc, et, sans leur donner le temps de se rallier, les abattirent sous leurs poignards; après quoi les Espagnols regagnèrent leur retraite avec les armes et les chevaux de leurs ennemis.

A la fin du combat, Edgar entendit des cris perçans dans un taillis voisin; il y court, il voit un petit homme qui, tenant dans ses dents la bride de son mulet, lutte corps à corps avec son ennemi. Avant qu'Edgar ait pu le secourir, le Français frappe son adversaire du poignard qu'il lui avait sans doute arraché, et s'efforce de tirer le mulet dans le bois. Edgar jette un cri, le Français tire sur lui, et le manque; Edgar lui passe sa baïonnette à travers le corps

Le petit Espagnol poussait des cris de douleur; Edgar le relève, retire avec peine de ses dents la bride qu'il mordait dans ses convulsions, et voulant le placer sur le mulet il y voit une petite créature enveloppée dans un manteau qui se tenait cramponnée au cou de l'animal, et sanglotait doucement. C'était une petite fille, à en juger par la voix. Edgar place l'Espagnol derrière elle, prend la bride du mulet, et regagne l'endroit où Isidor et ses compagnons venaient de se retirer, ne voyant plus d'ennemis. L'Espagnol était sans connaissance, affaibli par le sang qu'il avait perdu, quoique sa blessure ne fût pas dangereuse; on le fit descendre avec la petite fille. En ce moment don Rafaele, hors de lui, accourt et s'écrie:

mon enfant! mon cher enfant! Il voulait serrer dans ses bras la petite fille, qui paraissait à peine âgée de dix ans ; mais, quand les torches éclairèrent le visage d'Edgar, il se jeta tout-à-coup aux pieds de celui-ci : Don Edgar, don Edgar, dit-il, ces genoux n'ont jamais fléchi devant aucun mortel, mais vous n'êtes pas un homme, vous êtes un ange de lumière, descendu de là-haut pour me sauver de la douleur qui m'eût tué et du plus affreux désespoir. O don Edgard! d'odieux soupçons ont-ils pu naître dans ce cœur criminel? ô infernal attentat! J'ai voulu faire périr dans les tourmens le plus généreux des hommes, le plus courageux et le plus loyal. Tuez-moi, don Edgar, vengez-vous dans le sang d'un misérable ; mon crime est horrible, et ne se pardonne pas.

J'ai fait ce que l'honneur et mon devoir me commandaient, répondit Edgar, à qui sa conscience disait qu'il n'avait rien fait de plus. Tant de reconnaissance le gêne, tant d'humiliation lui fait peine ; il relève le vieillard, et s'efforce de le calmer.

Don Rafaele raconta que le colonel Lacombe, irrité de la disparition d'Edgar, avait été sur le point de démolir toute la maison pour le retrouver, et de le faire conduire lui-même en prison. Il s'était vu forcé de fuir, trop heureux d'avoir pu, par le secours des Franciscains, faire sortir de Valence sa fille, son domestique, et tous les objets les plus nécessaires.

Pendant ce récit on avait transporté plus loin la petite fille et le blessé ; don Rafaele fut obligé de les rejoindre, trop vieux, désormais, pour la vie aventureuse des Guérillas. Dans leurs tristes adieux, il mit au doigt d'Edgar un talisman qui lui sauva plusieurs fois la vie au milieu de pressans dangers. »

Ainsi finit Euchar, et son récit paraissait avoir excité le plus vif intérêt dans toute l'assemblée.

Un poète qui d'ailleurs trouvait dans les aventures espagnoles d'Euchar un excellent sujet de tragédie souhaitait seulement une légère addition d'amour, une bonne catastrophe, quelque meurtre raisonnable, un délire, une apoplexie, et autres accessoires pareils. « Ah ! oui, de l'amour, dit une jeune demoiselle en rougissant de pudeur, il manque une petite aventure d'amour à votre anecdote, d'ailleurs si charmante, cher baron. »

Mesdames, répondit Euchar en souriant, je n'ai pas voulu vous faire un roman, mais vous conter l'histoire de mon ami Edgar, et dans les montagnes sauvages des Espagnols on a rarement de jolies aventures.

« Je crois, murmura Victorine entre ses dents, je crois connaître cet Edgar, qui resta malheureux, parce qu'il dédaignait le plus vrai bonheur de ce monde. »

Mais qui pourrait dire l'enthousiasme de Ludwig? Il criait tout haut: » Je la connais, je la connais, cette fameuse *profesia del Pirineo* du divin don Juan Batista de Ariaza. Oh! elle embrâsa mon âme ! je voulais partir en Espagne, je voulais paraître sur le champ de bataille ; mais l'enchaînement des choses ! Je me mets très-bien à la place d'Edgar dans le souterrain des Franciscains, et je me vois parlant à ce terrible Empecinado, dans le moment fatal. » Ludwig fit alors un discours si pathétique que tout le monde se récria sur le courage et l'héroïsme du jeune homme.

« Mais ce n'était pas dans l'enchaînement des choses, » interrompit la présidente.

» Moi qui crois aussi à l'enchaînement des choses, ou qui du moins veux m'y conformer, j'ai voulu préparer à mes chers hôtes un divertissement qui fût pour le récit d'Edgar une espèce de conclusion plus gaie, mais dans un genre tout caractéristique. »

La porte s'ouvrit; on vit paraître Émanuela, suivie du petit avorton Biagio Cubas, qui tenait sa guitare en main, et saluait la société d'une façon grotesque. Avec cette grâce inexprimable que déjà les deux amis avaient admirée dans le parc, Émanuela s'avança au milieu du cercle, et dit d'une voix douce et touchante qu'elle venait montrer un talent qui n'était peut-être si bien accueilli qu'en sa qualité d'étranger.

Depuis le jour où les deux amis l'avaient vue, elle semblait déjà plus grande, plus belle et plus séduisante: son costume était fort propre et presque riche. Pendant que Biagio Cubas plaçait les œufs et faisait les apprêts du Fandango avec mille grimaces bouffonnes, Ludwig dit tout bas à l'oreille de son ami : Euchar, tu peux maintenant redemander ton anneau.

Imbécille, répondit celui-ci, ne le vois-tu pas à mon doigt, je l'avais ôté avec mon gant, et je l'ai retrouvé dans le gant, le soir même.

La danse d'Émanuela électrisa toute la société ; on n'avait jamais rien vu de pareil. Tandis qu'Euchar tenait ses regards attachés sur la danseuse, Ludwig faisait éclater à tous momens ses transports d'admiration.

Hypocrite, lui dit tout bas Victorine, assise près de lui, vous osez me parler d'amour, et vous êtes amoureux de cette petite créature, de cette danseuse espagnole ! Je vous défends de la regarder.

Ludwig se trouvait fort embarrassé d'un amour si prodigieux, d'une jalousie qui prenait feu sans aucun motif raisonnable. Je suis très-heureux, se dit-il à part lui, mais c'est gênant.

La danse finie, Émanuela prit sa guitare, et chanta des romances espagnoles, dans le genre gai.

Ludwig la pria de vouloir bien répéter la *jolie* chanson qu'elle avait déjà chantée devant Euchar ; Émanuela entonna aussitôt :

<small>L'aure l'immortal al gran Palafox.</small>

A chaque vers, son chant devenait plus inspiré, sa voix plus forte, et les sons de la guitare plus vifs et plus harmonieux. Mais quand vint la strophe qui annonçait la délivrance de la patrie, ses regards brillans cherchèrent Euchar, un torrent de larmes coula de ses yeux; elle tomba à genoux. La présidente s'élance vers elle, et la relève : Assez, assez, ma charmante enfant, lui dit-elle, en la conduisant sur le sopha, en la baisant sur le front, en essuyant ses joues baignées de larmes.

Elle est folle! elle est folle! dit Victorine à Ludwig. Tu n'aimes pas une folle..... non, dis-moi, dis-moi que tu ne peux aimer une folle.

Non, par le ciel, non, s'écria Ludwig effrayé, et il protesta le plus vivement qu'il put de son amour pour Victorine.

Pendant que la présidente offrait à Émanuela un verre de vin léger et des biscuits, pour lui rendre quelque force, l'habile guitariste Biagio Cubas, qui s'était agenouillé dans un coin de la salle, et qui pleurait amèrement, fut aussi gratifié d'un grand verre de véritable Xerès, qu'il avala jusqu'à la dernière goutte, en disant: *Donna, viva listed mil annos.*

Les dames, comme on peut le croire, entourèrent Émanuela, l'obsédèrent de questions sur sa patrie, sur ses parens, etc. La présidente, qui sentait trop vivement la pénible position de la jeune fille pour ne pas chercher à l'en délivrer, sut dissiper adroitement la foule curieuse en plusieurs petits groupes où l'on voyait s'agiter et gesticuler même les joueurs de piquet. L'Espagnole, disait le président du consistoire, est sans doute un charmant petit objet, mais sa danse maudite m'a cassé les jambes, et vingt fois je me suis senti des vertiges, comme si le diable eût walsé avec moi. Mais le chant était un *à parte* fort agréable, et qui m'a fait grand plaisir.

Le comte Walther Puck était d'une autre opinion. Il méprisait le chant d'Émanuela; elle n'avait pas le *trillo*. Mais, en revanche, il trouvait sa danse sublime, ou plutôt, pour employer son expression, délicieuse. Autrefois, dit-il, j'étais de cette force là, et j'eusse défié le meilleur maître de ballet. Croiras-tu, mon cher frère, président du consistoire, que, dans ma jeunesse, je fus un prodige de prestesse et d'agilité? Je dansais le *fiocco* ; et, d'un seul saut, j'allais frapper un tambourin élevé de neuf pieds au-dessus du bout de mon nez. Quant au fandango, j'ai cassé, en le dansant, plus d'œufs que sept poules n'en pourraient pondre en un jour.

Par tous les diables, voilà de fameux tours de force, s'écria le président !

Mon bon Cochenille, reprit le comte, joue fort agréablement du flageolet, et maintenant encore je danse au son de son instrument, mais en secret et dans ma chambre.

Je le crois, s'écria le président riant aux éclats, je le crois, cher comte !

Pendant ces entretiens, Émanuela et Cubas avaient disparu.

Il était déjà tard, et la société allait se séparer : Cher Euchar, dit la présidente, je parierais que vous savez encore plus d'une aventure intéressante de votre ami Edgar. Votre récit n'est qu'un fragment, mais il a fait tant d'impression sur votre auditoire que nous aurons bien de la peine à fermer l'œil cette nuit. Je vous donne jusqu'à demain soir, mais non plus tard, pour achever votre conte et nous rendre le repos. Il faut que nous sachions le sort de don Rafaele, d'Empecinado, des Guérillas ; et, si votre ami peut devenir amoureux, je vous prie de nous en faire part.

Oh ! ce serait charmant, s'écrièrent toutes les dames. Euchar fut obligé de promettre qu'il trouverait pour la soirée suivante assez de matériaux pour finir et compléter son histoire. .

En revenant chez lui, Ludwig parlait sans cesse à son ami de l'amour, ou plutôt du délire amoureux de Victorine. Mais, s'écria-t-il tout à coup, sa jalousie même m'a fait lire dans les replis les plus cachés de mon cœur, et j'ai découvert que j'aimais Émanuela d'un amour inexprimable. Je la chercherai, je lui avouerai mon amour, et je la presserai sur mon sein.

— Essaie, mon enfant, répondit froidement Euchar.

Le lendemain, la société s'étant rassemblée chez la présidente, à la même heure, celle-ci eut la douleur d'annoncer à toutes les dames que le baron Euchar, forcé par un accident imprévu de partir sur-le-champ, lui écrivait pour l'en avertir, et qu'ainsi la conclusion de son histoire se trouvait différée jusqu'à son retour.

CHAPITRE IV.

Retour d'Euchar. — Scènes de bonheur conjugal. — Fin de l'histoire.

Environ deux ans s'étaient écoulés depuis le récit d'Euchar, lorsqu'un jour une berline élégante et richement équipée s'arrête devant *l'ange d'or*, le plus bel hôtel de la ville de W.., pour laisser descendre un jeune homme, une dame voilée et un vieillard. Ludwig, qui passait dans ce moment, se dépêcha de braquer sa lorgnette, et de considérer les nouveau-venus Au même instant le jeune homme se retourne et se précipite dans les bras de Ludwig, en s'écriant : Salut, mille fois salut, mon cher ami !

Ludwig ne fut pas peu surpris de revoir ainsi tout à coup son ancien camarade; le jeune voyageur qui venait de descendre de voiture n'était pas autre qu'Euchar. « Mon cher Euchar, dit Ludwig, quelle est donc cette dame voilée, ce vieillard qui t'accompagnent? Tout cela me paraît bien singulier; et ces bagages qui arrivent, et cet homme assis sur le haut de la voiture.... Ciel! je crois le reconnaître. » Euchar prit Ludwig sous le bras, et le conduisit quelques pas plus loin : Mon cher ami, lui dit-il, tu sauras tout quand il en sera temps; mais, toi-même, raconte-moi tout de suite ce que tu es devenu pendant mon absence. Je te vois pâle comme un spectre, les joues caves, les yeux éteints. A te parler franchement, tu me sembles de dix ans plus vieux. Relèves-tu d'une longue maladie, es-tu dévoré par de noirs chagrins?

« Oh non! répondit Ludwig, je suis au contraire le plus heureux des hommes; je mène une véritable vie de cocagne, au milieu de l'amour et des plaisirs. Il y a plus d'un an que la céleste Victorine a daigné m'accorder sa belle main. Vois d'ici cette jolie maison, ces fenêtres, ces vitres brillantes comme des glaces. C'est ma résidence, et tu ne saurais rien faire de plus sage que de descendre chez moi, que de venir me rendre visite dans mon paradis terrestre. Oh! que ma bonne femme sera contente de te revoir. Il faut la surprendre. »

Euchar demanda quelques minutes pour changer d'habit, et promit de revenir aussitôt; il lui tardait de voir et d'apprendre le bonheur de son ami.

Ludwig le reçut en bas de l'escalier, et le pria de marcher le plus doucement possible : Victorine était sujette à des maux de tête nerveux; ce jour-là c'était plus fort qu'à l'ordinaire, et, dans un pareil état d'irritation, elle entendait le bruit du pas le plus léger, quoique son appartement fût situé dans la partie la plus retirée de l'hôtel, et dans une aile séparée du principal corps de bâtiment. Les deux amis, traversant sur la pointe du pied le corridor couvert de tapis, se glissèrent furtivement dans la chambre de Ludwig. Après les premiers épanchemens de la joie, Ludwig tira la sonnette. Dieu! Dieu! qu'ai-je fait! s'écria-t-il tout à coup, en se couvrant le visage de ses deux mains.

Ausitôt une soubrette à l'air hautain et dédaigneux entra brusquement dans la chambre, et s'écria d'une voix triviale et criarde : Que faites-vous donc, monsieur le baron, voulez-vous tuer la pauvre baronne? elle a déjà ses attaques de nefs!

Ah! grand Dieu, ma bonne Annette, dit humblement Ludwig, l'excès de la joie me l'avait fait oublier. C'est monsieur le baron, mon meilleur ami; il vient d'arriver; nous ne l'avons pas vu depuis bien long-temps...... C'est un ancien ami de ta maîtresse;

demande, implore pour moi la grâce de le lui présenter. Je t'en prie, chère Annette.....

Ludwig lui glissa quelque argent dans la main; la soubrette répondit fièrement : « Je verrai ce qu'on doit faire, » et sortit.

Euchar qui se voyait témoin d'une de ces scènes de ménage si communes dans la vie, dans les romans et dans la comédie, se fit une idée singulière du bonheur conjugal de son ami. Il compatissait aux peines de Ludwig, et lui fit plusieurs questions insignifiantes; mais Ludwig, qui ne voulait point de ces ménagemens, lui assura que les évènemens arrivés pendant l'absence d'Euchar étaient trop curieux pour qu'il se dispensât de les raconter.

Tu te rappelles sans doute, dit-il, cette soirée chez la présidente Veeh, où tu nous racontas les aventures de ton ami Edgar. Tu te rappelles la violente jalousie de Victorine, et comment son cœur amoureux s'ouvrit tout entier à mes regards. Et moi, insensé, comme je t'en fis dès-lors la confidence, insensé, je m'amourachai de cette petite danseuse espagnole, et je lus dans ses regards que je n'aimais point sans espoir. Tu auras sans doute remarqué qu'à la fin de sa danse, quand elle ramassa les œufs en pyramide, la pointe de cette pyramide était tournée vers moi, qui me tenais derrière le fauteuil de la présidente. Eh bien, pouvait-elle m'exprimer plus ingénieusement son amour? Le lendemain je voulais revoir mon charmant objet, mais je ne la retrouvai point; ce n'était pas dans l'enchaînement des choses. J'avais presque oublié la petite, quand le hasard.....

L'enchaînement des choses, interrompit Euchar.

Qu'importe le nom? reprit Ludwig. Quelques jours après, je traversais le parc, et je passais devant le cabaret où nous avions vu pour la première fois notre petite espagnole. La cabaretière.... tu ne saurais croire combien j'avais inspiré d'intérêt à cette bonne femme qui m'avait servi du vinaigre et de l'eau pour mon genou blessé..... La cabaretière accourt vers moi, et me demande instamment ce que sont devenus la danseuse et son petit compagnon, qui venaient si souvent dans le parc. On ne l'avait plus revue depuis plusieurs semaines.

Le lendemain, je me donnai toutes les peines du monde pour savoir si elle était encore dans la ville, mais je ne la retrouvai point; ce n'était pas dans l'enchaînement des choses. Alors je me repentis des folies que j'avais voulu faire; et mon cœur se retourna tout entier vers la charmante Victorine. Hélas! mon infidélité, mes attentats avaient profondément ulcéré cette âme tendre et sensible; elle ne voulait plus me revoir, plus entendre parler de moi.

Le bon Cochenille m'assura qu'elle s'abandonnait à la mélancolie, et que souvent elle s'écriait d'une voix étouffée par les sanglots : je l'ai perdu ! je l'ai perdu ! Juge de ce que je dus éprouver à cette nouvelle, de ma douleur, de mon désespoir ! Cochenille m'offrit ses secours ; il promit d'instruire adroitement la baronne de mes vrais sentimens, de lui peindre mon désespoir, de lui dire que je n'étais plus le même ; qu'au bal je dansais tout au plus quatre fois ; qu'au théâtre je regardais machinalement dans les coulisses, que je négligeais ma toilette, etc. Cochenille reçut plusieurs louis, et chaque matin Cochenille m'apportait une nouvelle espérance. Enfin Victorine me permit de la revoir. Ah ! qu'elle était belle ! ô Victorine, ma charmante, ma chère, ma douce femme ! la grâce et la bonté mêmes !

Annette entra dans ce moment

pour annoncer à Ludwig que madame la baronne était fort étonnée des singulières lubies et bévues de monsieur le baron. « D'abord vous sonnez comme si le feu était à l'hôtel, ensuite vous voulez que la baronne, dangereusement malade, reçoive une visite importune. Madame ne peut recevoir personne aujourd'hui, et me prie de l'excuser près de monsieur l'étranger. » Annette regarda fièrement Euchar, le mesura des pieds à la tête, et quitta la chambre.

Ludwig, après avoir baissé les yeux quelque temps, reprit son récit sur un ton plus bas : Croirais-tu, mon cher Euchar, que Victorine me traita d'abord avec une espèce de froideur insultante? En vérité, si son amour n'eût pas éclaté si souvent à mes yeux, si je n'avais pas été convaincu que cette froideur n'était qu'une feinte pour me punir, bien souvent j'aurais pu douter ; mais la contrainte la faisait trop souffrir ; elle devint de jour en jour plus aimable, et finit enfin par me confier son schall dans un bal. Mon triomphe était décidé ; j'arrangeai pour la seconde fois cette fameuse contredanse. Je dansai divinement avec ma déesse, je balançai sur la pointe du pied droit; j'entourai sa taille, et je lui soufflai à l'oreille : « Céleste et divine comtesse, je vous aime inexprimablement; je vous adore; soyez à moi, ange de lumière. »

Victorine me rit au nez, ce qui ne m'empêcha pas le lendemain matin de courir chez elle au moment favorable, c'est-à-dire à une heure de l'après-dîner, de me faire introduire par Cochenille, et de lui demander sa main. Elle me regarde en silence; je me jette à ses genoux; je saisis cette main qui devait être à moi, et je la couvre de baisers brûlans. Elle se laissait faire; mais comment te dire ce que j'éprouvai, quand je vis ses yeux éteints se fixer sur moi sans me voir, comme ceux d'une froide statue! Enfin deux grosses larmes brillèrent dans ses yeux; elle me serra la main si fort que j'aurais pu crier de douleur, d'autant plus que j'avais mal au doigt, puis elle se leva, et quitta la chambre, le visage couvert de son mouchoir.

Mon bonheur n'était plus douteux, je courus chez le comte Walther Puck, et je lui demandai sa fille en mariage. « C'est très-bien, c'est très-bien, charmant baron, me dit le comte en souriant avec complaisance, mais la comtesse vous a-t-elle laissé voir qu'elle vous aimât? Je suis un vrai fou, moi, je suis prodigieusement porté pour l'amour. »

Je lui racontai ce qui s'était passé dans la contredanse : ses yeux étincelaient de joie. C'est délicieux, très-délicieux, s'écria-t-il, mais voyons la figure, cher Baronetto.

Je lui fis la figure, et je m'arrêtai dans la pose gracieuse que je t'ai déjà décrite.

Charmant, mon ange, charmant, s'écria le baron ! Dans ses transports, il se mit à sonner, à crier par la porte : Cochenille ! Cochenille !

Cochenille arrivé, il me pria de chanter la musique que j'avais composée moi-même pour la contredanse. « Prenez votre flageolet, Cochenille, dit le comte, et jouez-nous ce que monsieur le baron vient de chanter. » Cochenille exécuta fort bien l'accompagnement. Pour moi, je me vis obligé de danser avec le comte, de représenter sa dame, et le vieux galant me dit avec une grâce que je ne lui supposais pas, en balançant sur la pointe du pied droit : « O le plus exquis de tous les barons, ma fille Victorine est à vous. »

La charmante Victorine fit la prude, comme font au reste toutes les jeunes filles. Elle demeurait muette et grave, et se conduisait si mal avec moi que je vis encore une fois chanceler mes espérances. Pour comble de malheur, j'appris seulement alors que le jour où je pris une des deux cousines pour l'autre, elles avaient résolu toutes deux de me faire subir, pour se venger, la mystification la plus éclatante. En vérité, je perdis courage, et je commençais à croire qu'il était dans l'enchaînement des choses qu'on se moquât de moi. Injustes soupçons! au moment même où je m'abandonnais à toute ma douleur, ce divin *oui* s'échappa des plus jolies lèvres. Alors je pus voir combien Victorine avait dû souffrir en dissimulant ; elle devint gaie, enjouée, et même folâtre ; ce qui ne s'était pas encore vu. Elle me refusait, à la vérité, la plus innocente caresse, et j'osais à peine lui baiser la main : excès de pruderie ! Plusieurs de mes amis voulaient me mettre une foule de chimères en tête, mais le jour qui précéda mon mariage devait effacer dans mon âme jusqu'au plus léger doute.

Je cours de bon matin chez ma fiancée, je ne la trouve point dans sa chambre. Je vois des papiers épars sur son secrétaire ; j'y jette un coup d'œil, et je reconnais la charmante écriture de Victorine. Je lis ; c'est un journal. O ciel, ô Dieu ! chaque jour me donne une nouvelle preuve de son amour ; quels feux ! quelle passion ! Le plus petit évènement s'y trouve noté, et toujours avec ces paroles : « Tu ne comprends pas ce cœur qui t'aime, homme insensible ! faut-il que dans le délire du désespoir j'abjure toute pudeur, je tombe à tes pieds, je te dise que sans ton amour ma jeunesse est pâle comme la nuit des tombeaux? » Ainsi de suite, et toujours sur le même ton. Le soir où je m'enflammai d'amour pour la petite Espagnole, elle avait écrit : « Tout est perdu; il l'aime, je n'en puis douter. Insensé, ne sais-tu pas que l'œil d'une amante pénètre jusqu'au fond de l'âme? » Je lisais tout haut quand Victorine entra. Je me précipite à ses pieds en m'écriant : Non, non, jamais je n'aimai cette bisarre créature; toi seule tu fus en tout temps mon idole. »

Victorine me regarde fixement, et s'écrie d'une voix étouffée, qui dans ce moment retentit encore à mes oreilles : Malheureux, il n'était pas question de toi ! Elle me quitte, et se sauve brusquement dans une chambre voisine. Conçois-tu que la pruderie féminine puisse aller jusque là ?

Annette vint en ce moment demander au nom de la baronne pourquoi monsieur le baron ne lui présentait pas son ami ; elle attendait en vain depuis une demi-heure la visite annoncée. « Femme excellente et sublime ! s'écria Ludwig attendri ; elle se sacrifie pour moi. » Euchar ne fut pas peu surpris de trouver la comtesse debout, habillée, et presque parée.

Je t'amène notre cher Euchar, dit Ludwig, nous l'avons enfin retrouvé. Euchar s'approche de la baronne, lui prend la main ; elle tremble tout à coup, pousse un léger soupir et retombe évanouie sur son fauteuil.

Euchar, ne pouvant supporter le trouble d'un si cruel moment, se hâte de sortir. Malheureux Ludwig, se dit-il, non, il n'était pas question de toi. Euchar voit maintenant l'abîme de malheurs où la vanité la plus ridicule a precipité son ami; il sait à qui s'adressait l'amour de Victorine, et se sent agité de mille émotions pénibles. Il s'explique maintenant bien des mots, bien des circonstances qu'autrefois sa naïve modestie n'avait pas su comprendre; il lit dans le cœur de la sensible Victorine; il s'étonne de n'avoir pas même soupçonné tant d'amour. Tous les momens où Victorine lui avait découvert sa passion presque sans aucune réserve, se retraçaient à sa mémoire ; mais, hélas ! dans ces momens même une espèce d'antipathie involontaire contre la charmante comtesse aigrissait son humeur, et le rendait plus intraitable. Aujourd'hui, c'est de lui-même qu'il est mécontent, il plaint la pauvre Victorine qu'un destin sinistre semble condamner au malheur.

Le soir du même jour la société s'était rassemblée dans le salon de la présidente Veeh, où, deux ans auparavant, Euchar avait raconté les aventures de son ami. Il y fut accueilli par des acclamations de joie; mais il éprouva comme une commotion électrique en retrouvant Victorine, qu'il ne comptait pas revoir sitôt. Son visage n'offrait aucune trace de maladie ; ses yeux brillaient comme autrefois, une toilette élégante et recherchée relevait ses grâces et sa beauté. Euchar, gêné par sa présence, semblait, contre son habitude, timide, embarrassé. Victorine s'approche adroitement de lui, le prend par la main, le conduit à l'écart, et lui dit d'un ton calme et sérieux : « Vous connaissez le système de mon mari sur l'enchaînement des choses. Le véritable enchaînement, à mon avis, c'est cette longue suite de fautes que l'homme commet, déplore, et commet de nouveau : voilà pourquoi notre vie nous semble une folle lutinerie, et pourquoi ce Démon, qui n'est autre que nous-mêmes, nous poursuit sans cesse, nous harcèle et nous fatigue jusqu'à la mort.

Euchar, je sais tout; je sais qui je dois voir ce soir même, je sais que vous m'avez comprise aujourd'hui pour la première fois. Ce n'est pas à vous, non, c'est à mon mauvais génie que j'ai dû jusqu'ici ma douleur et mon désespoir; mais le Démon a fui au moment où je vous ai revu. La paix et le repos soient avec nous, Euchar!

Oui, répondit Euchar attendri, oui, Victorine, paix et repos! la puissance éternelle ne punit jamais sans retour les méprises de notre vie.

Oui, les beaux jours sont revenus, dit Victorine en essuyant une larme, pour rejoindre la compagnie.

La présidente, qui les avait observés, dit tout bas à Euchar : Je lui ai tout découvert, ai-je bien fait? Ne dois-je pas, répondit Euchar, approuver tout ce que vous aurez fait?

La société, selon l'usage, célébra, admira sur de nouveaux frais l'heureux retour d'Euchar, sa présence inattendue, et chacun l'obséda de questions : Qu'avait-il fait, qu'avait-il vu pendant une si longue absence?

Je viens, répondit Euchar, acquitter la parole que je vous ai donnée il y a deux ans ; je viens terminer le récit des aventures de mon ami Edgar, et mettre à l'édifice cette clef de voûte tant désirée par monsieur le poète. Je puis vous promettre qu'il ne sera plus question de sombres souterrains, de meurtres, et autres évènemens pareils, mais bien d'un amour assez romanesque pour plaire à toutes ces dames ; j'ose donc espérer un brillant succès.

Tout le monde applaudit ; on approcha les chaises, on resserra le cercle, Euchar prit place dans le fauteuil d'orateur, et commença sans préambule :

Je passerai sous silence les aventures guerrières et presque fabuleuses d'Edgar au milieu des Guérillas, et je dirai seulement que le talisman qu'il avait reçu de don Rafaele Marchez, était une petite bague sur laquelle on avait tracé des chiffres mystérieux ; une bague qui partout ferait reconnaître en lui le membre respectable d'une société mystérieuse, qui lui mériterait à ce titre la confiance des initiés, et le garantirait pour toujours des dangers qu'il avait courus à Valence.... Plus tard, il rejoignit l'armée anglaise, et combattit sous Wellingthon. Désormais respecté par les balles ennemies, il revint sain et sauf dans sa patrie, à la fin de la campagne, mais sans avoir revu don Rafaele Marchez, et sans avoir eu de ses nouvelles.

Edgar était depuis long-temps en Allemagne, lorsqu'un jour le petit anneau de don Rafaele, qu'il portait toujours au doigt, lui fut dérobé d'une façon singulière. Le lendemain de bonne heure, un petit homme d'une mine grotesque entra dans sa chambre, lui mit la bague sous les yeux, et lui demanda si ce n'était pas la sienne. Sur la réponse affirmative d'Edgar, le petit homme, transporté de joie, s'écria en espagnol : « O don Edgar, c'est vous, c'est vous, il n'y a plus de doute. » Alors Edgar se rappelle les traits et la physionomie de l'Espagnol ; c'est ce fidèle serviteur de don Rafaele qui s'était battu comme un lion pour sauver la fille de son maître.

Oui, au nom de tous les saints, s'écria-t-il, vous êtes le serviteur de don Rafaele Marchez ; je vous reconnais ! où est votre maître ? mes pressentimens bizarres vont-ils se réaliser ?

Le petit Espagnol pria Edgar de le suivre. Il le conduisit à l'extrémité d'un faubourg, et le fit monter jusqu'au grenier d'une maison délabrée. Un homme pâle et décharné, dont le visage offrait toutes les traces d'une mortelle douleur, était couché sur un grabat; à côté de lui une jeune fille, un enfant du ciel, à genoux. En voyant Euchar, la jeune fille s'élance à sa rencontre, l'entraîne vers le vieillard, et s'écrie avec l'expression de la plus vive tendresse: « Mon père, mon père, c'est lui, n'est-il pas vrai; c'est lui? » Oui, dit le vieillard, et ses yeux éteints se ranimèrent, et ses mains, se joignant avec peine, se levèrent vers le ciel; oui, c'est lui, notre sauveur! O don Edgar, qui l'eût dit, que cette flamme généreuse qui brûlait dans mon sein pour la patrie et la liberté, me consumerait un jour moi-même?

Après les premiers épanchemens de la joie la plus vive et de la plus vive douleur, Edgar apprit que don Rafaele, victime de ses perfides ennemis, avait été rendu suspect au gouvernement après la pacification de l'Espagne, proscrit et privé de ses biens. Il était tombé dans l'indigence; sa fille et son fidèle serviteur l'avaient nourri par leur danse et leurs chants.

C'est Emanuela, c'est Biaggio Cubas! s'écria Ludwig; et tout le monde répéta : Oui, c'est Emanuela, c'est Cubas!

La présidente pria la société de faire silence, et de permettre au conteur de terminer son histoire, quoiqu'il fût déjà facile de prévoir la conclusion. Elle croyait deviner elle-même que, dès la première entrevue, Edgar s'était pris d'amour pour la charmante Émanuela.

C'est la vérité, reprit Euchar, dont les joues s'étaient colorées d'une légère rougeur. Avant même qu'il n'eût vu cette charmante fille, un doux pressentiment faisait palpiter son cœur, et les transports d'un amour encore inconnu agitaient tout son être. Edgar devait secourir le malheureux don Rafaele; il emmena le vieillard avec sa fille et son fidèle serviteur dans la terre de son oncle, où je les accompagnai moi-même.

L'étoile du bonheur sembla se lever de nouveau pour don Rafaele; il reçut une lettre du bon père Eusebio, qui lui annonçait que les Franciscains, connaissant toutes les issues secrètes de sa maison, venaient d'y retrouver et de transporter dans leur couvent des sommes considérables et des bijoux précieux qu'il avait cachés avant de partir pour l'exil, et qu'il ne tenait qu'à lui de les envoyer chercher par une personne de confiance. Edgar résolut aussitôt de partir pour Valence avec Biagio Cubas. Il vit son fidèle gardien, le père Eusebio, et le trésor de don Rafaele fut remis entre ses mains. Mais il savait que don Rafaele Marchez tenait plus à l'honneur qu'à toutes ses richesses. Il eut le bonheur de prouver au gouvernement de Madrid la parfaite innocence du vieillard, et la sentence d'exil fut cassée.

Euchar allait continuer, quand

les portes s'ouvrirent tout à coup ; une dame richement vêtue entra dans la salle, suivie d'un vieillard à la démarche haute et fière. Toute la société s'était levée; la présidente s'élança à leur rencontre, et, conduisant la dame au milieu du cercle, annonça dona Émanuela Marchez, épouse d'Euchar, et don Rafaele Marchez, son père.

Le sentiment du bonheur étincelait dans les yeux d'Euchar, et colorait ses joues d'un vif éclat : « Oui, s'écria-t-il, il me reste à dire à la société que j'avais pris dans mon récit le nom d'Edgar. »

Victorine pressa dans ses bras la belle et séduisante Émanuela, la serra sur son cœur, comme si elle l'eût déja connue depuis long-temps, et Ludwig, jetant sur les deux amies un regard triste et mélancolique, dit en soupirant : C'était dans l'enchaînement des choses !

FIN DE L'ENCHAINEMENT DES CHOSES.

LA CONVALESCENCE.

—

J'avais remarqué dans l'endroit de la forêt le plus désert et le plus sauvage un arbre d'une beauté pittoresque ; j'y revins quelques jours après pour le peindre sur mon album avec ses groupes de feuillage, son front chauve, ses branches encore fraîches et vigoureuses, et ses formes singulières. J'avais déjà mis mon carton sur mes genoux, taillé mon crayon, pris ma posture et mon point de vue, et je commençais, quand je vis une voiture armoriée s'avancer de mon côté, à travers les arbres. Les chevaux, pour avancer d'un pas, foulaient avec effort les ronces et les broussailles, et je me demandais par quel singulier caprice les voyageurs voulaient ainsi, sans aucune nécessité, traverser le plus épais taillis, au lieu de suivre les cent jolies routes qui coupaient la forêt dans tous les sens.

Enfin, les chevaux ne pouvant plus avancer ni reculer, à ce qu'il me semblait du moins, la voiture s'arrêta, la portière s'ouvrit, et je vis descendre un jeune homme en habit noir, que je reconnus, à travers le feuillage qui me le cachait d'abord, pour le jeune docteur O....

Il regardait attentivement de tous côtés, comme pour s'assurer que personne ne le voyait. Je crus apercevoir dans ses manières et dans ses regards une espèce d'embarras, de trouble et d'inquiétude. En y pensant aujourd'hui, je rougis encore de ma folie; je m'imaginai que le docteur O..., un jeune homme si bon et si sensible, allait commettre quelque mauvaise action, et cette idée me fit trembler; mais je sentis un mouvement d'orgueil, en pensant que dans ma position, avec mon album rempli d'esquisses et d'ébauches grossières, je pouvais me comparer à Némésis, à la déesse de la vengeance, qui se glisse dans l'ombre, ou, comme moi, derrière un épais rideau de feuillage.

Le docteur O.... retourna vers la voiture; la portière s'ouvrit de nouveau, et je vis une jeune dame sauter légèrement sur le gazon, jolie, svelte, gracieuse, couverte d'un schall jeté sur ses épaules comme la draperie d'une statue; si belle en un mot que, dans le plus délicieux et le plus touchant des romans, on ne vit jamais une aussi jolie dame sauter à bas d'une voiture, au milieu d'une solitude; non, jamais au milieu de ces aventures miraculeuses qui se succèdent avec fracas comme les bruyantes détonnations d'un feu d'artifice on ne vit une apparition si belle et si brillante.

Figure-toi, cher lecteur, avec quelle curiosité je me glissais derrière le feuillage pour m'approcher du couple mystérieux, et suivre de l'œil tous ses mouvemens! A force de manœuvrer, je me trouvai tout près d'eux, et j'entendis le docteur O..., qui disait : J'ai su trouver dans cette forêt la place la plus commode et la plus favorable à nos projets. Voyez devant vous cet arbre majestueux ; son tronc s'élève au milieu de la verdure ; hier je suis venu moi-même arracher à ses pieds quelques pièces de gazon pour en faire un banc. Le trou que j'ai fait dans la terre ressemble à un tombeau, et c'est déjà comme un symbole de ce que nous venons faire ici ; mort et résurrection !

Oui, répéta la dame d'une voix triste et qui m'émut jusqu'au fond de l'âme, en saisissant la main du docteur, qui la pressait avec feu sur ses lèvres, oui, mort et résurrection !

Mon sang se glaça dans mes veines; involontairement je laissai partir de mes lèvres une légère exclamation. Le diable eut beau jeu; la dame tourna la tête, et vit sur ses épaules ma respectable figure; je faillis tomber de ma hauteur. Cette jeune dame n'était autre que la plus jolie fille de B., mademoiselle Wilhemine de S.; elle aussi semblait trembler de surprise et d'effroi, et se soutenir à peine sur ses pieds.

Elle joignit les mains, et s'écria d'un air assez confus : Grand Dieu! comment vous trouvez-vous ici, Théodore, dans un lieu si désert, à pareille heure?

Je me rappelai que j'étais la farouche Némésis, armée d'un carton de dessins, et je répondis avec importance, de ce ton calme et sévère dont

Minos et Radamanthe proclament leurs sentences : Il est possible, ma très-digne et très-honorée demoiselle, très-honorée du moins jusqu'à ce jour, il est possible que je sois venu fort mal à propos pour vous, mais peut-être est-ce la Providence elle-même qui m'amène en ces lieux pour empêcher quelque malheureuse......

Le docteur ne me donna pas le temps d'achever, et s'écria, le visage enflammé de colère : Tu seras donc toujours fidèle à ton ancien rôle, espiègle (1)?

(1) Il y a dans l'original *Eulenspiegel* (miroir de hibou), dont nous avons évidemment formé notre mot français *espiègle*. *Eulenspiegel* est aussi le titre d'un livre populaire très-fameux en Allemagne et très-ancien, où l'on a voulu personnifier la

A ces mots il prit la main de la demoiselle, la reconduisit vers la voiture, et la laissa debout près de la portière qui restait ouverte.

- J'étais déconcerté, je ne savais plus ni que dire, ni que penser; le docteur revint à moi, et me dit: « Nous pouvons nous asseoir sur ce tronc d'arbre, car notre entretien sera peut-être assez long.

Tu connais la famille du conseiller

---

finesse et la bonhomie des paysans allemands du moyen âge. Dans ce sens, *Eulenspiegel* était chez nos voisins l'équivalent de *John bull* ou de *Jacques bonhomme*. Les amateurs de la littérature allemande qui seraient curieux d'en savoir davantage peuvent consulter à ce sujet le bel ouvrage de Gœrretz, intitulé : *Livres populaires, Volksbücher*.

(*Le traducteur.*)

privé de S....? on te voit toujours à ses thés littéraires, à ces soirées tumultueuses, où cent personnes vont régulièrement se casser la tête, en courant çà et là dans un salon, où l'on entend des conversations très-ennuyeuses et très-insipides, nourries par l'esprit de deux ou trois amateurs qui s'en montrent très-avares ; ces soirées où l'on voit de malheureux domestiques, pressés de tous les côtés, abreuver de vin quelques respectables convives, et faire circuler deux ou trois pâtés que personne n'entame; après quoi la conversation meurt d'une mort honteuse et misérable.

Doucement, docteur, m'écriai-je, doucement! prenez garde que madame de H.... n'entende vos infâmes calomnies, et, pour venger l'honneur de ses soirées, ne vous dénonce à madame de S...., qui prononcerait aussitôt l'excommunication, et vous exclueraità jamais de ses thés œsthétiques. Mais, dis-moi, qui de nous court le premier à ces insipides soirées, comme si le bonheur de sa vie dépendait de son exactitude ? qui de nous cherche avec soin toutes les occasions de voir la famille S...? Ah ! ah ! mon ami, je comprends, la belle Wilhelmine !

Laissons cela, me dit le docteur, et songeons que les personnes qui se trouvent dans la voiture attendent avec impatience la fin de notre entretien. En deux mots la famille du conseiller privé de S.... est, depuis un temps immémorial, de la plus haute noblesse ; jamais elle ne dérogea, surtout du côté des hommes. Aussi, juge de la colère du père de Monsieur le conseiller S..., en voyant son plus jeune fils, appelé Siegfried, porter par ses sentimens la première atteinte à cette antique noblesse. Déchu d'une grandeur factice, le jeune Siegfried, doué d'un esprit élevé et généreux, prit son rang parmi les plus nobles esprits de l'époque.

On fait courir bien des bruits sur cette affaire ; beaucoup de gens prétendent que Siegfried fut attaqué d'une maladie mentale, mais je n'en crois rien. Ce qu'il y a de certain c'est qu'emprisonné par son père il ne recouvra sa liberté qu'à la mort du tyran.

Ce Siegfried est l'oncle de Wilhelmine; tu dois l'avoir vu souvent dans le salon de son frère, échangeant quelques mots spirituels avec tel ou tel savant, qu'il sait trouver et comprendre. Les grands seigneurs le traitent parfois assez cavalièrement, comme un de ces hommes qu'on tolère; mais Siegfried leur a toujours si généreusement rendu leurs mépris qu'ils devraient, dans leur intérêt même, renoncer à leur fierté.

Il est vrai que si la conversation s'engageait par hazard sur des questions pour lesquelles on ferait bien de suivre le précepte de la vieille philosophie monacale, c'est-à-dire de laisser le monde aller son train, et de ne jamais parler qu'en bien de monsieur le Prieur, alors Siegfried, emporté par une conviction ardente et sincère, criait si fort que plus d'un assistant se sauvait dans l'autre coin de la salle, en se bouchant les oreilles, et fermant les yeux; mais mademoiselle Wilhelmine savait si bien lui choisir ses auditeurs qu'il se trouvait toujours au milieu d'intimes amis, et ne tardait pas à quitter brusquement la société.

Il y a quelques mois, le pauvre oncle Siegfried fut attaqué d'une maladie nerveuse assez grave qui lui laissa dans la tête une idée fixe; et cette idée, qui l'obsède encore après le rétablissement des forces corporelles, a dégénéré en véritable folie.

Il s'est imaginé que la nature irritée de la frivolité des hommes qui dédaignent d'étudier et d'approfondir ses mystères, et qui prennent ses travaux secrets et miraculeux pour un jeu d'enfans sur le misérable théâtre de leurs plaisirs, a voulu les punir en leur ôtant la verdure. Désormais, dit-il, une nuit éternelle efface à leurs yeux la brillante parure du printemps, à l'époque où l'amour se livre aux charmes de l'espérance, où la douce confiance ranime les cœurs malades; où le dieu rajeuni de la lumière fait sortir de leurs humides berceaux les germes et les fleurs, comme de joyeux enfans, où les bosquets et les bois reverdissent, où leur léger murmure semble doucement célébrer les bienfaits d'une bonne mère, qui les nourrit et les réchauffe sur son sein.

Ainsi, plus de verdure, plus d'espérance, plus de bonheur sur la terre; le *bleu* même a disparu, lui qui d'abord étendait avec amour sur nos têtes son dôme azuré. Tous les remèdes employés contre cette funeste idée, restèrent sans succès ; et tu conçois nos craintes : le vieillard pouvait succomber en peu de temps à cette funeste et incurable monomanie. Je résolus d'attaquer enfin cette maladie opiniâtre par un procédé magnétique et spécial.

Wilhelmine était l'ange consolateur du vieillard; dans ses nuits sans sommeil ou dans son léger assoupissement, elle seule savait ramener le repos dans l'âme du malade, lui parler tout bas, tout bas, d'arbres et de bosquets verdoyans, ou même lui chanter la verdure. Elle chantait surtout ces belles paroles de Calderon qu'un de nos amis, comme tu sais, a mises en musique avec tant de goût et de sentiment. Tu les connais ces belles paroles :

« L'éclatante verdure est le vête-
» ment favori de la terre ; qu'elle se
» fait belle sous la verdure ! Elle est
» verte la robe du printemps ; et,
» pour former sa couronne, on voit,
» dans les vertes prairies, les fleurs,
» brillantes de mille couleurs, sortir
» du sein de la terre, s'épanouir, et
» se montrer au ciel comme des étoi-
» les : elles n'ont pas de voix, mais
» les parfums sont leur haleine. »

Le sommeil, mon cher Théodore, est toujours précédé d'un vague délire, qui ressemble beaucoup au demi-sommeil du magnétisme. Profiter de ce moment-là pour faire entrer dans l'âme inquiète du malade quelques idées consolantes, ce n'est pas une méthode bien neuve, et, si je ne me trompe, déjà Puiségur l'avait employée avant moi. Mais tu vas voir à l'instant par quel coup de maître j'espère opérer la guérison parfaite de notre vieillard. »

Le docteur se leva pour rejoindre Vilhelmine, et lui dit quelques mots à l'oreille. Je le suivis, et je m'excusai près de la jeune dame d'avoir en quelque sorte joué le rôle d'espion; mais la scène qui se préparait avait dû me paraître si étrange qu'on me pardonna facilement ma curiosité.

Nous étions près de la voiture; un jeune homme en descendit, et le docteur et lui, aidés d'un chasseur qu'ils avaient amené avec eux, transportèrent le vieillard assoupi au pied de mon arbre, au milieu de la verdure; le docteur le plaça le plus doucement qu'il put sur le banc de gazon qu'il avait préparé la veille, comme sait mon lecteur bénévole.

Que l'aspect du vieillard me parut touchant et sublime ! sa taille haute et majestueuse !, Il était enveloppé d'une longue robe d'étoffe légère, et d'un gris argenté; il avait sur sa tête un bonnet de même étoffe sous lequel s'échappaient quelques mèches de cheveux blancs. Quoique ses yeux fussent fermés, sa physionomie avait une expression indéfinissable de douleur et de mélancolie; et pourtant on eût dit que les rêves caressans de l'espérance lui donnaient un doux sommeil.

Mademoiselle Wilhelmine s'était assise à l'extrémité du banc de gazon, et, chaque fois qu'elle se penchait sur le visage du vieillard, son haleine rafraîchissait ses lèvres. Le docteur prit place sur une chaise de voyage, vis-à-vis le malade, comme on fait pour une opération magnétique. Pendant que le docteur s'efforçait d'éveiller doucement le vieillard, Wilhelmine chantait à voix basse :

« L'éclatante verdure est le vête-
» ment favori de la terre. »

Le vieillard semblait respirer avec délices les parfums des fleurs et des arbres, et surtout les suaves odeurs des tilleuls en pleine floraison. Il ouvrit enfin les yeux avec un profond soupir, et regarda fixement tout ce qui l'entourait, mais sans avoir l'air de reconnaître et de distinguer les objets. Le docteur se mit de côté, Wilhelmine se taisait, le vieillard balbutia si bas qu'on l'entendait à peine : Verdure !

Tout à coup la bonté divine, par une gracieuse faveur qui ne semblait d'abord qu'un joli caprice du hasard, voulut récompenser la piété filiale de Wilhelmine, et seconder les efforts du bon docteur. Au moment même où l'oncle prononçait le mot *verdure,* un oiseau, qui s'échappait en sifflant du feuillage de l'arbre, cassa, par le battement de ses ailes, une petite branche fleurie qui tomba sur le sein du vieillard.

Les fraîches couleurs de la vie reparurent sur les joues du malade ; il se leva, et, regardant au-dessus de sa

tête, il s'écria d'une voix inspirée :
Messager du ciel, heureux messager
du ciel, viens-tu m'apporter l'olivier
en signe de paix? viens-tu m'apporter la verdure et l'espérance? Divine
espérance, salut! Répands ta joie
dans ce cœur déchiré!

Tout à coup, devenu plus faible,
il dit tout bas : C'est la mort! Et, fatigué de l'effort qu'il avait fait pour
se tenir assis, il retomba sur le banc
de gazon. Le jeune ami du docteur
lui fit respirer de l'éther, et Wilhelmine chanta de nouveau :

« L'éclatante verdure, etc. »

Le vieillard ouvrit les yeux, et jeta
sur la forêt des regards plus assurés :
Ah! s'écria-t-il d'une voix incertaine,
un songe bien singulier me poursuit et m'agite.

Il y avait dans ces paroles un accent d'ironie amère qui, après ses premiers transports de joie, nous semblait plus effrayante. Saisie d'effroi, Wilhelmine se jette à genoux près du banc de gazon, prend les mains du vieillard, les arrose de ses larmes et s'écrie avec douleur : Mon cher oncle, ce n'est pas un songe qui vous poursuit, c'est un fantôme sinistre qui vous accable de ces rêves lugubres, comme de chaînes pesantes. O joies du ciel! les chaînes sont brisées. Mon cher oncle, mon bon père, vous êtes libre! oui, croyez-moi, croyez-moi, c'est la vie, sereine et joyeuse, qui vous sourit, avec ses douces espérances, dans ces beaux tapis de verdure.

Verdure! s'écria le vieillard d'une

voix terrible, en jetant autour de lui des regards plus fixes. Peu à peu il semblait mieux distinguer les objets, et choisir des yeux certains arbres sur lesquels reposait sa vue.

Depuis long-temps, me dit le docteur à l'oreille, l'oncle Siegfried avait une prédilection pour cette belle solitude : il y venait souvent seul, et avec son penchant secret pour les combinaisons mystérieuses et les phénomènes de l'histoire naturelle, cet arbre d'une végétation si pittoresque a dû surtout frapper ses regards, et ce site si romantique pour nous l'intéressait sous le rapport de la science.

Le vieillard, toujours assis, promenait ses regards sur la forêt; peu à peu ses yeux devinrent plus faibles, plus faibles, et furent enfin mouillés d'un torrent de larmes. D'une main il saisit la main de Wilhelmine, de l'autre celle du docteur, et les tira fortement tous deux près de lui, sur le banc de gazon.

Est-ce vous, mes enfans, s'écria-t-il d'une voix dont le timbre singulier nous faisait frémir, et qui annonçait le trouble d'une âme ravagée par la douleur, qui lutte avec elle même, et cherche à se recueillir : est-ce bien vous, mes enfans !

O mon bon oncle, dit Wilhelmine, oui je vous tiens dans mes bras; oui vous êtes dans cet endroit de la forêt que vous aimiez tant, vous êtes assis sous cet arbre....

Au signal du docteur, Wilhelmine s'arrêta, mais elle reprit aussitôt, après une pause imperceptible, en ramassant la petite branche de tilleul : et ce signe de paix, ne le tenez-vous pas dans vos mains, cher oncle?

Le vieillard pressa la branche sur son cœur, et dans les regards paisibles qu'il jetait autour de lui, brillait comme une vie nouvelle, comme une joie céleste, ineffable. Sa tête se pencha sur son sein, et il prononça tout bas beaucoup de mots que nous ne pouvions comprendre. Tout à coup il se leva brusquement du banc de gazon, étendit les bras, et s'écria d'une voix qui retentit dans toute la forêt :

O puissance du ciel, éternelle et juste, est-ce toi qui m'appelles sur ton sein? Oui c'est la vie qui m'entoure, qui coule dans mes veines et tous mes pores s'ouvrent pour recevoir la joie divine qui m'inonde.

O mes enfans, mes enfans! quelle bouche pourrait dignement chanter les louanges de notre bonne mère! O verdure! verdure! vêtement de notre mère commune! oui, c'est moi seul qui fus traîné comme un coupable sans espoir devant le trône du Tout-Puissant. Bonne mère, tu ne fus jamais irritée contre les hommes! reçois-moi dans tes bras.

Le vieillard semblait vouloir marcher vite, mais tout à coup les genoux lui manquèrent, il tomba sans vie sur le gazon. Nous étions tous saisis d'effroi, surtout le docteur, qui craignait déjà que sa cure hardie ne finît par un affreux malheur; mais, après avoir respiré la naphte et l'éther, le vieillard rouvrit les yeux au bout de quelques secondes ; et personne de nous ne s'attendait au miracle qui devait suivre, le docteur moins que tout autre.

Soutenu par Wilhelmine et le docteur, le vieillard se fit promener au tour de la pelouse ombragée ; son front devenait à chaque pas plus calme et plus serein, et l'heureuse révolution qui venait de s'opérer dans son esprit et dans son âme se manifestait à l'extérieur dans tous ses mouvemens.

Le baron me reconnut aussi et m'adressa la parole ; mais bientôt, jugeant que c'était assez pour une première promenade après une aussi longue maladie de nerfs, il nous pria de le reconduire à la voiture.

J'aurai beaucoup de peine, me dit le docteur à part, à l'empêcher de dormir; mais j'emploierai tous les moyens possibles pour qu'il ne dorme pas. En quelques jours le sommeil pourrait lui devenir funeste, et lui faire prendre encore pour un rêve tout ce qu'il a vu et senti.

Quelques mois après, il y eut de grands changemens dans la famille du conseiller privé de S... L'oncle Siegfried était parfaitement guéri, et, chose singulière! il était à la fois plus faible et plus fort.

A la grande joie de son frère, qui l'aimait tendrement, il quitta sa résidence pour aller vivre dans ses beaux domaines, dont l'administration fut confiée au docteur O..., qui pendit au clou de la cheminée son bonnet doctoral; l'intercession pressante d'une noble princesse triompha des refus obstinés de l'orgueilleux conseiller de S..., et le docteur fut l'époux de la belle Wilhelmine.

LES VISIONS.

Quand on parlait du dernier siége de Dresde, Anselme devenait encore plus pâle que d'ordinaire. Il joignait les mains sur ses genoux; il regardait fixement devant lui, perdu dans ses pensées, et murmurant entre ses dents : Dieu du ciel! si j'avais mis à temps ma nouvelle paire de bottes à genouillères, si j'avais couru bien vite vers la ville neuve, par delà le pont de l'Elbe, sans m'inquiéter de la paille qui brûlait, des grenades qui tombaient de toutes parts, certainement tel ou tel gros monsieur m'aurait crié par la portière de sa voiture, en me faisant un signe amical : Montez avec assurance, mon cher ami! Mais je me trouvai prisonnier dans ce maudit trou de marmotte, dans leurs fortifications, dans leurs parapets, leurs demi-lunes, leurs chemins couverts; et je fus réduit comme les autres à la misère, à la famine. Et quelle famine! quand on feuilletait le dictionnaire de Roux pour passer le temps, et qu'on tombait sur le mot *manger*, nos estomacs, depuis longtemps oisifs, se demandaient avec surprise : *Manger!* que signifie ce mot-là?

Oui, des gens jadis remarquables par leur embonpoint boutonnaient leur peau sur leur estomac comme un gilet trop large, ou comme un spencer naturel. Grand Dieu! et si l'archiviste Lindorste n'eût pas existé, que serais-je devenu? (1)

Popowicz voulait me tuer, mais le Dauphin fit jaillir de ses naseaux azurés le miraculeux baume de vie. Et Agafia!

A ces mots Anselme avait coutume de se lever, de faire deux ou trois petits sauts, et de se rasseoir. Il était parfaitement inutile de lui demander ce que signifiaient ces paroles et ces grimaces mystérieuses, car il se bornait à répondre : Pourrais-je raconter tout ce qui m'est arrivé avec Popowicz et Agafia, sans passer pour un fou?

Ses amis riaient alors d'un sourire

---

(1) Toute cette page a été omise dans l'édition de M. Eugène Renduel, en général fort incomplète. (*L'Éditeur.*)

équivoque qui semblait dire : Eh! mon cher ami, le mal est déjà fait.

Par une nébuleuse soirée d'octobre, Anselme, que l'on croyait bien loin, entra tout à coup dans la chambre de son ami. Il semblait fort exalté, il était plus amical, plus tendre que de coutume, et presque mélancolique; son humeur, parfois sauvage, aujourd'hui douce et docile, semblait céder au puissant génie qui s'était emparé de son âme. Il faisait très-sombre, son ami voulut aller chercher des lumières, mais Anselme lui dit en lui saisissant les deux bras : Veux-tu me faire plaisir une fois dans ta vie? n'apporte pas de lumière, et laisse-nous causer aux pâles lueurs de la lampe qui brûle làbas dans ce cabinet. Fais tout ce qui te plaira, bois du thé, fume, mais ne casse pas les tasses, et ne me jette pas tes fidibus tout brûlans sur mon habit neuf. Non seulement tu m'offenserais, mais tu me chasserais de mes jardins enchantés, sans aucun profit pour toi-même, et moi, j'y perdrais mes douces illusions. Je prends place sur ce sopha.

Après une pause passablement longue, il reprit : Demain matin à huit heures, il y aura juste deux ans que le comte de Lobau sortit de Dresde avec douze mille hommes et vingt-quatre pièces de canon pour se frayer un passage à travers les montagnes de Misnie.

J'avoue, s'écria son ami, riant aux éclats, j'avoue que j'attendais avec une dévotion respectueuse quelque apparition céleste, planant au-dessus de tes jardins enchantés. Que m'importent le comte de Lobau et sa sortie? Juste douze mille hommes et vingt-quatre pièces de canon! quelle mémoire! Depuis quand les évènemens militaires se gravent-ils si bien dans ta tête ?

Cette époque si grande et si récente, dit Anselme, t'est-elle donc déjà devenue si étrangère que tu ne saches plus comment nous fûmes tous atteints et saisis d'un vertige militaire? Le *noli turbare* ne nous sauvait plus de la violence de nos passions, et d'ailleurs nous ne voulions pas être sauvés; car le démon de la guerre avait fait dans chaque cœur une profonde blessure, et chaque main saisissait de rage des armes inaccoutumées, non plus pour se défendre, mais pour attaquer et venger par la mort la honte de la patrie.

Elle m'apparaît aujourd'hui vivante et sous les traits d'un homme, cette sombre puissance qui, dans ces temps orageux, plana sur nos têtes, et me poussa de l'asile paisible des arts et des sciences sur le champ de bataille. Pouvais-je alors rester assis à mon bureau?

Je courais dans les rues, je suivais les troupes qui sortaient de Dresde, pour tout voir par mes propres yeux, pour juger par moi-même de notre position, de nos espérances; j'étais las des bulletins mensongers et de leur misérable forfanterie. Quand fut livrée la grande bataille, quand j'entendis autour de nos murs nos frères

LES VISIONS.

pousser des cris de joie, fiers d'avoir enfin reconquis la liberté, et quand je vis dans notre ville encore l'esclavage, j'étouffai de rage et de colère. Je me crus forcé de faire quelque action terrible, pour rendre la vie et l'indépendance à tous ceux qu'on avait comme moi liés et mis à la chaîne. Ce langage doit te paraître singulièrement comique, à toi qui crois me connaître, et qui me prends pour un fou; eh bien! oui, je conçus la folle idée de m'introduire dans un fort où je savais que les ennemis avaient beaucoup de poudre, d'y mettre le feu, et de me faire sauter avec eux (1).

(1) Toute cette page a été omise dans l'édition de M. Eugène Renduel.

(*L'Éditeur*).

L'ami d'Anselme ne put s'empêcher de sourire du sauvage enthousiasme du pacifique jeune homme; mais celui-ci ne s'en aperçut pas, grâce à l'obscurité, et reprit après un moment de silence : Vous m'avez souvent dit tous qu'une influence secrète, à laquelle je suis soumis, me fait voir, dans les grandes occasions, des choses fabuleuses auxquelles personne ne veut croire, et qui souvent me semblent à moi-même produites par mon imagination, bien qu'à l'extérieur elles se présentent à moi comme un symbole mystique du merveilleux qui nous apparaît à chaque moment de cette vie. Voilà précisément ce qui m'arriva à Dresde, il y a deux ans.

Toute la journée se passa dans un

morne silence d'attente; devant les portes, tout fut tranquille, et pas un coup ne fut tiré. Dans la soirée, à peu près vers dix heures, je me glissai furtivement dans un café, sur le vieux marché, et là, dans une chambre retirée, inaccessible à nos oppresseurs, je trouvai quelques amis qui tous, animés des mêmes sentimens, se communiquaient leurs motifs d'espérance et de consolation. C'est là qu'en dépit des bulletins, on se disait la vérité sur les batailles de Katzbach et d'Ulm; c'est là que notre ami R.... nous avait annoncé la victoire de Leipsig, le surlendemain de la bataille, et Dieu sait comment il l'avait sue. En passant devant le palais de Bruhl, où demeurait le maréchal (Gouvion Saint-Cyr), j'avais été surpris de voir les salons si bien éclairés, et tant de mouvement dans le vestibule. Je fis part de cette observation à mes amis, en ajoutant que sans doute l'ennemi méditait quelque nouvelle entreprise, quand tout à coup R.... entra brusquement, hors d'haleine. Apprenez la nouvelle, nous dit-il : le général Mouton (comte de Lobau) veut se frayer un passage en Misnie avec douze mille hommes et vingt-quatre pièces de canon. La sortie a lieu demain de grand matin.

Après avoir discuté long-temps, on convint avec R.... que, vu la vigilance de nos compatriotes, cette tentative pouvait devenir fatale à nos ennemis, qu'elle forcerait peut-être le maréchal à capituler plus tôt, et mettrait un terme à nos souffrances.

Au moment même de la délibération, comment R.... a-t-il pu en connaître le résultat? me dis-je en retournant chez moi vers minuit.

Mais bientôt j'entendis un bruit sourd au milieu du silence de la nuit. Des pièces de canon, des caissons de poudre surchargés de foin passaient lentement devant moi, et se dirigeaient vers le pont de l'Elbe.
— Il a pourtant raison, me dis-je. Je suivis le convoi, et j'arrivai jusqu'au milieu du pont, à l'endroit où l'on avait remplacé par des madriers de bois une arche qu'on avait fait sauter. De chaque côté du pont s'élevaient de hautes palissades, sur une espèce de chaussée. Je m'appuyai sur le parapet du pont pour ne pas être remarqué. Tout à coup

il me semblà qu'une des hautes palissades s'agitait cà et là, et se penchait vers moi en murmurant des paroles inintelligibles. Les épaisses ténèbres de la nuit ne me laissaient rien distinguer ; mais lorsque l'artillerie eut passé, et qu'un sombre silence régna sur toute la longueur du pont, lorsque j'entendis près de moi des soupirs étouffés, une espèce de gémisement faible et incertain; lorsque je vis la palissade se lever et grandir dans l'ombre, un froid glacial se répandit dans mes veines, et, comme tourmenté par un songe pénible, je fus forcé de rester immobile.

Un vent froid s'éleva, et, chassant les brouillards au delà des montagnes, laissa briller les pâles rayons de la lune à travers les découpures des nuages. Je vis alors, à quelques pas de moi, la figure d'un vieillard de haute taille, la tête couverte de cheveux blancs, et d'une longue barbe grise. Il avait rejeté sur ses épaules, en plis épais, un manteau qui lui descendait à peine jusqu'aux hanches, et son bras nu soutenait un long bâton blanc qu'il étendait au-dessus du fleuve. C'était lui qui murmurait et gémissait. Au même instant, des armes brillèrent du coté de la ville, et des pas se firent entendre. Un bataillon français traversa le pont dans le plus profond silence. Le vieillard s'accroupit alors, entonna une chanson d'une voix plaintive, et tendit son bonnet aux passans, comme pour demander l'aumône.

— Voilà saint Pierre qui veut pécher, dit en riant un officier. Celui qui le suivait s'arrêta, et dit gravement: Eh bien! moi, pécheur, je lui aiderai à pécher. Il jeta une pièce de monnaie dans le bonnet du vieillard; plusieurs officiers et soldats, sortant des rangs, lui jetèrent leur aumône en silence, et souvent avec un léger soupir, comme s'ils se préparaient à la mort. Chaque fois, le vieillard faisait un singulier mouvement de tête, et poussait une espèce de hurlement. Enfin un officier, que je reconnus pour le comte de Lobau, accourut si près du vieillard que je craignis de le voir foulé sous les pieds de son coursier fougueux. Il se retourna vivement vers un adjudant, et lui demanda d'une voix brusque, en raffermissant son chapeau sur sa tête : Quel est cet homme? Les cavaliers de sa suite gardaient tous le silence ; mais un vieux sapeur-barbu, qui marchait hors des rangs, sa hâche sur l'épaule, dit d'un air tranquille et sérieux : C'est un pauvre maniaque bien connu ici ; on l'appelle saint Pierre le pêcheur.

Le bataillon continua de traverser le pont, non plus comme autrefois au milieu des plaisanteries et des saillies libres du soldat français; non, il défilait alors dans une morne tristesse. Dès que le dernier bruit des pas se perdit dans le silence de la nuit, dès que le dernier éclat des armes s'éteignit dans l'ombre, le vieillard se releva lentement, et, la tête haute, il étendit son bâton sur le fleuve avec une majesté imposante, comme s'il eût voulu, divinité tutélaire, commander aux flots. Les flots agités murmuraient toujours avec plus de force, et semblaient soulevés jusqu'au fond de leurs abymes. Je crus entendre au milieu de ce murmure une voix sourde.

Michaël Popowicz! Michaël Popowicz! ne vois-tu pas l'homme de feu (1), criait-on d'en bas en langue russe.

Le vieillard murmura quelques paroles; il semblait prier, mais tout à coup il s'écria à haute voix Agafia!

(1) D'autres ont traduit *Feuermann*, homme de feu, par fanal, comme s'il était nécessaire d'adoudoucir le *merveilleux* d'Hoffmann.

(*Le Traducteur.*)

et, dans le même instant, son visage fut éclairé d'une lumière rouge et sanglante qui semblait venir du fleuve. De hautes colonnes de feu brillèrent sur les montagnes de Misnie, et leur éclat se reflétait dans l'Elbe, et sur la figure du vieillard. Tout à coup, tout près de moi, les arches du pont commencèrent à s'ébranler avec un bruit toujours plus fort, et je vis une vague figure grimper avec peine le long des palissades, puis, avec une agilité merveilleuse, s'élancer par dessus le parapet.

Agafia! s'écria de nouveau le vieillard. Jeune fille, au nom du ciel!

Dorothée! quoi! m'écriai-je aussi; mais au même instant je me sentis saisi et entraîné avec force.

Pour Jésus! tais-toi, cher Anselme, ou tu es mort! murmura la petite, qui se tenait devant moi, tremblante et grelottant de froid. Ses longs cheveux noirs, d'où l'eau découlait, retombaient sur son cou, et ses vêtemens mouillés se resserraient sur sa taille svelte et légère. Elle tomba de fatigue, et dit à voix basse : Ah ! il fait si froid là-bas. Ne dis rien, cher Anselme, ou nous sommes morts !

Le reflet des feux frappa son visage ; c'était bien Dorothée, cette jolie villageoise dont le père avait été tué, le village pillé par les ennemis, et qui s'était réfugiée chez mon hôte.

Le malheur l'a rendue stupide, me disait souvent celui-ci ; c'est dommage, ce serait une excellente fille...

Il avait raison, elle ne disait jamais que des choses confuses, et sans cesse un sourire insignifiant et sinistre défigurait son charmant visage. Chaque matin elle m'apportait mon café, et j'avais souvent remarqué que sa taille, son teint, la blancheur de sa peau, n'annonçaient guère une paysanne.

— Eh ! M. Anselme, me disait mon hôte, vous avez bien raison, c'est la fille d'un fermier, et de Saxe encore !

En voyant la petite tremblante, presque inanimée, et par terre plutôt qu'à genoux devant moi, je me dépouillai de mon manteau pour l'en couvrir, et je lui dis tout bas : Réchauffe-toi, réchauffe-toi, ma chère Dorothée, tu mourrais de froid !

Mais que faisais-tu dans ce fleuve glacé ?

Silence ! répondit la petite, en écartant le collet du manteau qui lui tombait sur le visage, et en séparant avec ses petits doigts ses cheveux d'où l'eau ruisselait. Silence ! Viens sur ce banc de pierre ; mon père parle avec Saint-André et ne nous entend pas.

Nous nous glissâmes sur le banc ; agité d'émotions bizarres, frappé de ravissement et de terreur, je la pressai dans mes bras ; elle s'assit sur mes genoux sans façon, et passa ses bras autour de mon cou. Je sentais l'eau glacée dégoutter de sa chevelure sur mes épaules nues ; mais comme l'eau qu'on jette sur le feu le rend plus ardent, je sentais mon sang bouillonner d'amour et de désirs.

Anselme, murmurait la petite, Anselme, tu es bon, et, quand tu chantes, ta voix va à mon âme, quoique tu sois d'ailleurs un peu singulier. Tu ne me trahiras pas ; qui donc t'apporterait ton café le matin? Écoute : bientôt, quand vous serez tous affamés, quand personne ne pourra plus te nourrir, je viendrai toute seule la nuit près de toi, pour que tout le monde l'ignore; et je te cuirai dans ton poêle de belles piroges. J'ai de la farine, de la fine fleur de farine, cachée dans ma petite chambre ; et nous mangerons des gâteaux de noces, bien beaux et bien blancs.

La petite se mit à rire, puis elle

soupira : ah ! comme à Moscou ! ô mon Alexis, mon Alexis ! beau dauphin, nage, nage sur les flots ; n'es-tu pas attendu par ta fidèle fiancée ?

Elle abaissa sa petite tête, et soupira tout bas, tout bas, puis sembla s'assoupir dans un rêve d'amour qui rendait sa respiration plus vive. Je regardai le vieillard ; le bras toujours tendu, il disait d'une voix creuse : — Il vous fait signe, il vous fait signe, voyez-vous comme il secoue sa barbe de feu, comme il frappe la terre de ces colonnes de flamme qui lui servent de piédestal, quand il traverse le pays ? n'entendez-vous pas le bruit de ses pas ? ne sentez-vous pas le souffle de son haleine brûlante, qui passe sur vos têtes ?

Les paroles du vieillard ressemblaient au sourd bruissement de l'ouragan qui se prépare ; et, pendant qu'il parlait, les flammes s'élevaient toujours plus vives sur les monts de Misnie.

Au secours ! Saint-André, au secours ! murmura la petite dans son sommeil ; puis, se réveillant comme en sursaut et me serrant fortement avec son bras gauche, elle me dit à l'oreille : Anselme, j'aime encore mieux te tuer.

Je vis un couteau briller dans sa main droite.

— Malheureuse, que fais-tu, m'écriai-je en la repoussant ?

Non, je ne puis, cria-t-elle, mais tu es perdu.

— Agafia ! cria le vieillard, avec qui parles-tu ? avant que je me fusse remis de mon effroi, il se trouva tout près de moi, et levant en l'air son bâton, il le laissa tomber si vigoureusement qu'il m'eût brisé le crâne si Agafia ne m'eût saisi par derrière et sauvé du coup. Le bâton vola en éclats sur le pavé, et le vieillard tomba sur ses genoux.

Allons ! allons ! cria-t-on de toutes parts. Je me relevai promptement, et me jetai de côté pour n'être pas écrasé sous les roues des canons et des caissons qui s'approchaient de nouveau. Les Russes venaient de repousser avec perte le général français, et refoulaient ses troupes dans la ville. On disait que les Russes avaient connu d'avance le projet de l'ennemi; car, aux signaux qui furent allumés sur les montagnes, ils se rallièrent pour opposer une résistance victorieuse sur le point que l'ennemi croyait trouver sans défense.

Le lendemain et les jours suivans, Dorothée ne m'apporta pas mon café. Mon hôte, pâle de frayeur, me raconta que Dorothée et le vieux mendiant, escortés par une garde nombreuse, avaient été conduits de la maison du maréchal vers la ville neuve, audelà de l'Elbe.

— Ils furent reconnus et condamnés! s'écria l'ami d'Anselme ; mais celui-ci répondit avec un sourire singulier: Agafia fut sauvée; et, après la capitulation, je reçus d'elle un beau gâteau de noces, qu'elle avait fait cuire elle-même.

Anselme refusa toujours obstinément de nous en apprendre davantage.

FIN DES VISIONS ET DU PREMIER VOLUME.

VIGNETTES

POUR LES

OEUVRES COMPLÈTES

DE

E. T. A. HOFFMANN

D'APRÈS LES DESSINS

DE MM. TONY JOHANNOT ET ZIEGLER,

Gravées sur bois par Porret.

Il paraîtra une Livraison de 4 Vignettes par Livraison de texte.

PRIX DE CHAQUE LIVRAISON ;

Sur papier ordinaire. . . 2 fr.
Sur papier de chine. . . 3 fr.

www.ingramcontent.com/pod-product-compliance
Lightning Source LLC
Chambersburg PA
CBHW071942160426
43198CB00011B/1504